Wellness for Active Senior

알로에 면역혁명

Wellness for
Active Senior

알로에 면역혁명

김경화 지음
CAP 프로젝트 교수팀 감수

Contents

3부 질병과 알로에 면역다당체

중요한 것은 면역력이다

'100세 시대'가 다가오고 있다. 그 만큼 사람의 수명이 길어지고 있다. 문제는 100세 시대를 얼마나 건강하게 사는가다. 건강하지 않은 상태로 오래 산다는 것은 생각만 해도 끔찍한 일이다. 이 때문에 사람들의 생각도 달라지고 있다. 병에 걸리기 전에 건강을 관리하려고 노력하는 사람들이 부쩍 늘고 있다. 질병의 치료가 아니라, 예방의 중요성을 깨닫고 있는 것이다. 웰니스가 부각되고 있는 이유도 여기에 있다. 웰니스는 몸과 마음, 그리고 영혼까지 건강한 삶을 추구한다. 질병에 걸리기 전, 예방이나 관리를 잘 해 건강한 육체를 바탕으로 건강한 삶을 누리도록 하는 것이 바로 웰니스다. 운동이나 취미생활, 요가와 명상 등 다양한 건강관리가 점점 더 퍼지고 있는 것도 이와 무관하지 않다.

그러나 이러한 노력에도 불구, 어느 누구도 피할 수 없는 적이 있다. 노화다. 노화는 시간이 지나면서 신체가 퇴화하는 현상이다. 노화는 단순히 신체 기능이 약화되는 것에 그치지 않는다. 신체기능 약화는 질병을 수반한다. 또 기존에 지니고 있던 질병을 더욱 악화시키기도 한다. 실제 노화는 사람이 건강을 유지하는 데 매우 중요한 면역력을 약화시킨다. 면역력이 떨어지면 사람들은 감염성 질환에 걸리기 쉽다. 나아가 고혈압이나 당뇨와 같은 비감염성 질환에 대응하는 능력도 떨어진다. 따라서 노화에 어떻게 대응할 것인가는 건강한 삶은 사는 데 매우 중요한 숙제가 되고 있다.

의학적으로 노화는 20대를 지나면서 시작된다고 한다. 하지만 많은 사람들이 건강에 관심을 보이는 것은 40대부터다. 한국인이 40대부터 건강을 관리하기 시작하는 것은 신체적 이유 때문이 아니라 사회적 이유 때문이다. 20대에는 건강을 신경 쓰지 않는다. 30대 역시 사회생활에 적응하고 자리 잡기 바쁘다. 40대에 이르러 직장에서 어느 정도 자리 잡고, 자녀들도 크고 나면, 어느덧 중년이 됐음을 깨닫는다. 몸 어딘가가 개운하지 않고 체력도 옛날 같지 않다. 이제 건강을 위해 취미생활을 시작하고, 한 두 가지 운동을 시작한다. 40대 한국인의 자화상이다.

웰니스를 누리려면 건강 회복력이 아직 남아있는 40~50대에 자신의 면역력을 점검하고, 면역체계를 강화하는 것이 중요하다. 면역력은 우리 몸의 건강을 지키는 파수꾼이다. 집으로 말하면 대들보와 같다. 잦은 감기, 피부 트러블, 환절기만 되면 나타나는 알레르기 등으로 병원을 찾는 경우가 많다. 이 때 많은 경우 '스트레스 때문'이라는 진단을 받는다. 이는 우리 몸이 스트레스 또는 외부 자극을 감당할 수 없을 만큼 지쳤다는 것을 의미한다. 면역체계에 이상이 생겼다는 것이다. 각종 세균이나 독소, 바이러스의 지속적인 공격으로부터 우리 몸을 보호하려면 우리 몸의 면역체계를 강화해야 한다.

최근 연구결과에 따르면, 면역력을 강화하면 대사성증후군이 개선되는 것으로 나타났다. 오늘날 우리는 감염성 질환보다도 암, 고혈압, 당뇨병, 심혈관질환 등 대사성 질환, 이른바 만성질환의 사망률이 훨씬 높은 시대에 살고 있다. 질병의 패턴이 달라지고 있는 것이다. 만성질환은 평생을 병과 함께 살아가야 하는 고통을 준다. 괴롭게 오래 살아야 하는 것이다. 만성질환은 여러 요인에 의해 발생하며 전통적인 단일 질환 치료 방식으로는 해결하기가 어렵다. 이 때문에 난치병이 되기 쉽고, '병과 함께 살자'는 식으로 받아들이는 경우가 많다. 게다가 만성질환은 급성으로 진행되는 감염성 질환과 달리, 우리 몸에 이미 발병하고 있어도 통증이나 생활에 지장을 주는 증상이 나타나기 전까지는 심각성을 못 느낀다. 만성질환이 무섭고 심각한 것은 소리 없이 우리 몸을 망가뜨리기 때문이다. 이런 예측 불가능한 환경으로부터 근본적으로 우리의 몸을 보호할 수 있는 최초의 방어체계이자 최후의 보루로 면역력이 조명을 받고 있는 것이다.

면역력이 중요하게 부각되면서 알로에가 새롭게 주목 받고 있다. 알로에는 과거 피부 건강과 장 건강에 좋은 천연식물로만 알려져 왔다. 하지만 최근 몇 년간 연구결과를 통해 알로에는 면역력 증강에 효과가 뛰어난 것으로 나타났다. 실제 2010년 이후 한국 학계에서는 알로에가 면역력 강화와 면역조절 기능이 탁월하다는 사실이 집중적으로 연구, 발표되고 있다. 이는 알로에가 노화로 인한 감염성질환은 물론, 대사성 증후군과 같은 만성질환에도 효과가 있다는 것을 의미한다. 알로에 재발견이라 할 수 있다.

이 책은 40대 이후, 액티브 시니어들을 위한 시리즈의 하나로 기획되었다. 이들은 경제적, 사회적 삶뿐 아니라 신체적 삶에서도 경계에 선 세대다. '액티브 시니어를 위한 웰니스' 시리즈는 건강의 변곡점에 선 이들에게 실질적인 건강정보를 주기 위해 기획되었다. 무엇보다 이 책의 가장 큰 특징은 관련 학자들의 실험과 연구결과를 통해 과학적으로 증명된 사실을 싣고 있다는 점이다. '액티브 시니어를 위한 웰니스' 시리즈의 첫 번째 책은 '면역'이다.

　1부에서는 40대와 면역력 사이의 깊은 상관관계를 설명한다. 2부에서는 우리 몸의 면역 메커니즘이 어떻게 이뤄졌는지를 말한다. 이 책의 가장 중요한 부분인 3부에서는 전문가, 교수들이 말하는 알로에 면역다당체의 놀라운 면역강화 기능과 최근 연구 성과를 소개하고 있다. 이를 위해 알로에 면역다당체에 대한 연구를 진행한 전문가, 교수진을 직접 만났다. 이들의 연구 성과를 토대로 알로에 면역다당체의 면역력 조절 기능과 알로에 면역다당체가 실제 질병 예방과 치유에서 어떤 효과가 있는지를 살펴보았다. 마지막 4부에서는 알로에 재배에서 제품까지의 과정을 사진과 함께 소개한다.

40대 이후,
면역력이 중요하다

40대부터 달라지는 내 몸,
예전 같지 않다!

40대에 접어들면서부터 몸 여기저기에서 잔 고장이 나기 시작한다. 건강검진을 받아 보면 당뇨 증세가 있다거나, 혈압이 좀 높다거나, 콜레스테롤 수치가 높으니 주의하라는 경고문이 적혀 나온다. 고혈압, 당뇨, 고지혈증 등의 최초 진단 시기, 즉 병원에서 '당신은 당뇨병입니다'라든가 '당신은 콜레스테롤 이상으로 지금 고지혈증입니다'라고 첫 진단을 받는 나이는 거의 40대 후반, 50대 초반이다. 낙제 성적표를 받아든 느낌이다. 그동안 쉬어도 쉰 것 같지 않게 늘 따라다니던 피곤함이 마음에 걸리기도 하고, 두어 개쯤 뒤쪽으로 밀린 허리 벨트 구멍을 보면서 한숨을 내쉬기도 한다. 갑자기 건강에 대한 염려증이 폭발하여 헬스클럽 등록을 결심한다. 건강 관련 기사나 방송도 유심히 보고, 모임에서의 대화도 온통 건강이야기다.

하지만 당장 생명에 지장 있는 것은 아니어서 곧 아무렇지도 않게 일상으로 돌아간다. 야근과 회식은 반복되고 헬스클럽 회원증은 지갑 속에서 잠잔다. 휴일에는 등산 대신 소파에 파묻힌 채 TV 채널만 돌리고 있다. 여전히 '아, 피곤해'를 입에 달고서… 혹시 당신의 모습 아닌가?

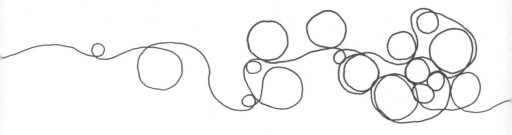

40대와 면역력

남성의 40대는 건강뿐만 아니라 인생을 좌우하는 중요한 시기다. 40대는 가정과 기업의 '허리'다. 이 시기에 남자의 책임과 스트레스는 최고조에 이른다. 무한 경쟁이 요구되는 시대에 뒤처지지 않기 위해 일하는 시간은 점점 길어지고, 업무 강도 또한 매우 높다. 매일 늦은 시간까지 일하고 주말에도 쉬지 못하는 생활이 이어진다.

몸을 힘들게 하는 것은 '일' 뿐만이 아니다. 상하좌우의 인간관계, 직장 내의 처신, 사업과 승진, 치고 올라오는 후배들과의 경쟁, 부모님과 처자식 문제 등 어느 것 하나 중요하지 않은 것이 없다. 돈 쓸 일도 많아서 경제력은 그 어느 때보다도 절실하다. 그러다 보니 오직 일에만 시간과 열정을 쏟게 되고, 건강관리는 뒷전이다.

여자들에게만 갱년기가 오는 것은 아니다. 남성들도 나이가 들어가면서 기초대사량이 점점 떨어지고 근육 양도 줄어든다. 부신호르몬의 분비량이 줄어들고, 특히 남성호르몬인 테스토스테론이 감소한다. 특히 40대부터 남성호르몬이 감소하는데 남성 갱년기는 이때부터 시작되는 것이다. 그러다 보면 의욕이 없어지고 집중력이 저하되며, 근육이 약화되면서 팔다리가 가늘어지고, 성기능이 약화되며, 복부의 내장지방이 늘어난다. 심하면 불면증을 호소하게 되고 소화력도 저하된다.

여성은 대부분 40대부터 갱년기 증상이 나타난다. 폐경기는 45세부터 55세 사이에 일어나는데 증상은 개인별로 매우 다양하다. 우울 성향이 있거나 여러 가지 스트레스에 시달리는 경우는 그 증상이 더 심할 수 있다. 가슴이 답답하고 어지러우며, 수시로 땀이 나고 갑자기 얼굴이 달아오른다. 속이 더부룩해서 소화도 잘 안되고 부종도 생긴다. 별일 아닌 일에 쉽게 화를 내고 초조해하는 등 성격도 변한다. 기억력과 집중력이 감퇴하며, 말과 생각, 행동이 각각일 때도 있다.

이런 증상이 반복되면 자신이 늙었다는 생각에 우울해져 심리적인 질병마저 생겨난다. 사춘기에 들어선 아이들은 반항을 시작하고, 나이든 부모님과 시부모님도 챙겨야 하고, 무관심한 남편과는 대화조차 안 된다. 전형적인 '낀 세대'의 스트레스다.

직장을 다니는 여성이라면 여기에 남성들이 겪는 스트레스까지 고스란히 더해진다. 몸과 마음이 지쳐가는 40대 여성의 현주소다.

　그런데 똑같은 환경에서도 어떤 사람은 병에 걸리고 어떤 사람은 괜찮다. 독감이 유행하면 그냥 넘어가는 사람이 있는가 하면 휘청거릴 정도로 크게 앓는 사람이 있다. 면역력의 차이다. 면역력이 강하면 병에 잘 걸리지 않고 심지어 암에 대한 저항력도 강해진다. 우리 몸의 면역체계가 암세포로 자라날 인자를 조기에 처리하기 때문이다. 반면에 몸의 면역력이 저하되면 병에 쉽게 걸리고 회복도 잘 되지 않는다. 면역력의 저하나 혼란은 질병이 시작되는 시점이라고 할 수 있다.

　이런 점에서 면역력은 신체 곳곳에서 건강을 지키는 저항력의 총칭이라고 할 수 있다. 우리 주변에는 세균이나 바이러스 등 온갖 질병을 일으키는 병원체들이 떠돌아다닌다. 이러한 세균, 바이러스가 우리 몸속으로 침입했을 때, 이들의 활동을 저지하는 것이 면역이다. 몸 전체를 하나의 국가에 비유한다면 면역이란 국경을 수비하는 군대 같은 것이다. 그런데 40대가 되면 몸을 지켜내는 수비대의 힘, 면역력이 저하되기 시작한다. 예전 같지 않다는 소리가 자주 나오고 실제로 그것을 느끼기 시작한다.

몸이 신호를 보내오면
면역력을 점검하라!

40대는 의학적으로 중년이 시작되는 시기다. 성인병이라고 말하는 각종 만성질환과 암 등이 본격적으로 나타난다. 만성질환은 한 가지 인자가 아닌 여러 가지 요인으로 오랜 기간에 걸쳐 진행되고 어느 날 느닷없이 발병해 건강을 위협한다.

　40대 이후는 사람마다 건강상태가 큰 차이를 보인다. 여전히 건강하고 활력 있는 사람이 있는가 하면, 병원을 내 집처럼 드나드는 사람도 있다. 본격적으로 노화가 시작되는 시기, 40대에 이르면 노화에 영향을 미치는 것은 유전이나 체질만이 아니다. 자신이 얼마나 건강에 신경을 썼느냐에 따라 건강상태가 달라진다.

　몸이 신호를 보내오는 40대. 신체 기능과 면역력은 자꾸 떨어지는데 자신을 둘러싼 환경은 전력 질주를 요구하는 모순된 시기이기도 하다. 사회적으로나 개인적으로 성취 요구가 가장 높고 해야 할 일과 하고 싶은 일도 많은 때이다. 그러나 아쉽게도 몸을 먼저 돌보지 않으면 어느 날 갑자기 위기가 닥친다. 몸이 보내는 신호를 알아차리고 대응해야 할 때다.

도표1 면역력 저하는 많은 질병의 원인이다

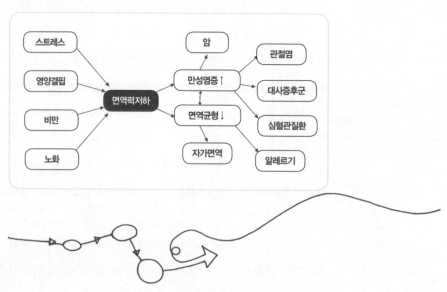

면역력의 저하는
흉선의 퇴화에서부터

나이 들면 흉선의 크기가 작아지고, 골수에서 만들어지는 면역 세포 자체도 줄어든다. 이것은 자연스러운 노화 현상의 하나로 볼 수 있다. 가슴뼈 뒤쪽에 있는 흉선은 면역 기능을 담당하는 핵심 기관인데 그 크기와 기능은 사춘기 때 최고에 이르렀다가 점차 퇴화해 간다. 신생아의 흉선은 8~15g이고 그 후에는 성장하여 사춘기 때에는 30~40g에 이른다. 그러나 이후에는 줄어들기 시작하여 나중에는 거의 흔적만 남게 된다. 우리의 면역력이 20대 이후부터 하향곡선을 그리다가 40대 이후에 급격히 떨어지는 것과 시기가 일치한다.

늙으면 흉선이 작아지는 이유는 밝혀지지 않았지만 동물 실험으로 확인할 수 있다. 실험용 쥐의 수명은 보통 3년 정도인데 2년 정도 된 늙은 쥐와 2~3개월 된 어린 쥐를 비교해 보면 늙은 쥐는 흉선이 거의 보이지 않을 정도로 무척 작다. 나이를 먹어감에 따라 흉선이 작아지면서 면역세포가 덜 생산되고 면역력이 저하되는 것이다.

흉선은 노화 뿐 아니라 스트레스를 받아도 퇴화된다. 실험용 쥐에게 스트레스를 주면, (발에 전기 자극을 주는 방법으로 스트레스를 준다) 스테로이드 호르몬이 나오고 흉선이 작아지는 것을 볼 수 있다. 직접 스테로이드 호르몬을 주사해도 마찬가지다.

흉선(Thymus)
가슴뼈 뒤쪽에 위치하며, 면역 반응을 담당하는 T세포를 만들며 면역체계에서 주요한 역할을 담당하는 인체 기관이다. 편평한 삼각형 모양이고, 좌엽과 우엽으로 나뉘는데 좌우의 모양이 같지 않다. 적회색을 띠고 있다. 신생아 때부터 발육하고, 12~14세까지는 상당히 커지며, 사춘기에 정점에 달하였다가 이후로는 점점 크기가 작아져 성인이 된 이후에는 지방에 싸여 흔적만 남고 퇴화한다. 피질과 수질로 나누어져 있는데 피질에는 림프구가 존재하고, 호중성, 호산성, 호염기성의 백혈구가 존재한다.

만성 스트레스,
면역력 저하의 주범

면역력을 약화시키는 주요 원인 중 하나는 스트레스다. 강도 높은 스트레스가 오랫동안 지속되면 호르몬 분비에 영향을 미쳐 면역력이 떨어진다. 인체가 스트레스를 받고, 과로하게 되면 그것에 대처하기 위해 스테로이드 호르몬이 분비되는데 이 스테로이드 호르몬이 면역력을 억제하는 역할을 한다. 실험용 쥐에게 극심한 스트레스를 주면 면역세포의 기능이 크게 저하되는 것을 볼 수 있다.

스트레스는 면역체계뿐 아니라 뇌 신경전달물질의 변화, 호르몬 시스템, 자율신경계에도 나쁜 영향을 줄 수 있다. 스트레스를 만병의 근원이라고 부르는 이유다. 하지만 스트레스는 우리 삶의 매순간 발생한다. 스트레스 없이 살 수는 없다. 단기간의 적당한 스트레스는 오히려 긴장감을 일으켜서 정신과 육체가 느슨해지지 않도록 하며, 몸의 시스템을 활성화하는 효과가 있다. 최근에는 단기간의 스트레스가 기억력과 수명에 오히려 긍정적인 효과를 준다는 연구 결과도 있다. 단기간 스트레스를 받을 때는 백혈구 수치가 증가되어 오히려 일시적으로 면역력이 높아지는 현상이 생긴다. 감당할 수 있는 정도의 스트레스는 미래에 발생할 수 있는 더 많은 스트레스에 대비할 수 있도록 돕는다는 것이다.

적당한 스트레스는 오히려 삶에 활기를 불어넣는다. 약간 증가된 심장 박동수, 약간 상승되어 있는 혈압은 우리 몸 구석구석까지 에너지원인 산소와 포도당을 공급해 주고 노폐물을 거두어 가기 때문에 삶에 활력을 준다. 마냥 편안해서 늘어진 생활보다는 약간 긴장한 생활이 건강에 유익하다는 얘기다.

문제는 만성적인 과도한 스트레스다. 계속 해결하기 힘든 스트레스가 장기간 지속되면 스트레스가 정신적, 심리적 피해를 유발하고, 결국 신체에도 악영향을 미쳐 대사 기능에 지장을 주거나 질병으로 이어지기도 한다. 만성 스트레스 초기에는 단기적 스트레스를 받았을 때처럼 일단 백혈구 수치가 증가하지만, 스트레스 호르몬의 농도가 계속 높게 유지되면서 면역체계도 그 상황에 익숙해지게 되고 결국 백혈구 수치가 감소하여 면역력이 떨어진다. 우리 몸이 스트레스 상황에 적절하게 대처하지 못해 한계에 이르면 균형이 깨지고, 면역력이 저하되면서 질병에 대한 대처능력이 떨어지게 되는 것이다. 40대는 앞에서 말했듯이 스트레스가 최고조인 시기다.

만성질환 예방과 천연물,
그리고 알로에

먹거리를 통한 치유 방식이 최근 새로운 대안으로 등장하고 있
다. 이른바 천연물에 대한 재조명이 시작된 것이다. 의약품으
로 급성 감염성 질병에 대처하는 기존의 방법은 소량을 사용하
지만 약효는 아주 강력하다. 그러나 강력한 것은 그만큼 효과도
크지만 부작용도 있기 마련이다. 기존 의약품은 급성질환 치료
에는 효과가 있으나 만성질환의 극복에는 부작용 노출 등의 한
계를 보이고 있는 것이었다. 특히 항생제나 스테로이드의 남용
은 많은 부작용을 일으키고 있다. 만성질환은 한 가지 이유로
발병하는 게 아니라 다양한 원인 때문에 오랜 시간에 걸쳐 진행
된다. 따라서 만성질환을 강한 단일 성분을 지닌 물질로 대처하
는 방법은 한계가 있을 수밖에 없다. 반면 우리가 매일 먹는 수
많은 먹거리, 즉 천연물에는 수많은 성분들이 들어 있으며, 이

성분들은 인류가 합성한 화합물보다 훨씬 다양한 화학구조를 갖고 있다. 천연물은 여러 가지 성분이 복잡하게 얽혀있는 복합체로 수천 년 동안 의약 대용물로 사용되어 왔다.

면역력은 건강한 삶을 유지하는 데 필수 조건일 뿐 아니라 만성질환을 예방하고 치유하는 데 꼭 필요하다. 면역력 증강을 위해선 단일 성분보다 부작용이 덜한, 천연물에 의한 방법이 훨씬 더 효과적이란 주장이 강해지고 있다. 천연물을 통해 면역력을 증강시키는 방법이 만성질환을 예방하고 치유하는 새로운 대안으로 등장하고 있는 것이다.

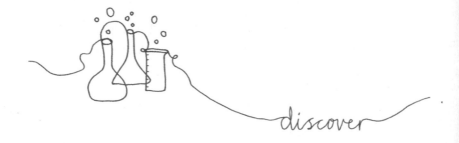

알로에의 다당체,
면역력 조절에 탁월한 효과

최근 알로에가 면역력 조절에 탁월한 효과가 있다는 연구 결과
가 발표되면서 알로에가 재조명 받고 있다. 사실 알로에는 기원
전부터 약용으로 사용될 정도로 오랫동안 인류가 애용해온 약
재다. 이것을 알로에의 첫 번째 발견이라고 한다면, 알로에의
두 번째 발견은 민간요법 차원을 넘어 건강기능식품으로 자리
잡으면서부터다. 알로에가 면역력 조절기능도 가지고 있다는
사실은 건강기능식품으로 알로에가 인기를 끌었을 때부터 어
느 정도 알려져 있었다. 최근의 알로에에 대한 연구 성과는 크
게 두 가지로 나눌 수 있다. 첫 번째는 알로에의 면역력 강화기
능이 어디서 비롯됐는지를 밝히는 것이며, 두 번째는 알로에의
면역력 기능을 집중 강화하는 방법을 찾는 것이다. 알로에에 들
어 있는 여러 가지 성분 중에서 면역력을 증강하는 핵심 성분은

'다당체'인 것으로 최근 연구 결과 밝혀졌다.

최근 가장 주목을 끄는 연구는 알로에 다당체가 대장암을 예방하는 효과가 있음을 밝히는 실험이다. 충북대 약학대학 이종길 교수팀이 현재 진행중인 연구가 그것이다. 실험용 쥐에 대장암을 유발하는 화학 물질을 주사하고, 장을 계속 자극해서 염증을 일으키는 물질을 투여한 후 14~15주 경과하면 이 쥐는 대장암에 걸린다. 대장에 많은 용종이 생겨나는 것이다. 그런데 이 대장암을 유발시키는 과정에서 알로에 다당체를 투여했더니 용종이 현격하게 줄어든 것으로 나타났다. 이 연구가 발표되면 대장암 예방에서 획기적인 전기를 마련할 것이라고 예상되고 있다.

이종길 교수팀의 또 다른 알로에 다당체 연구도 집중적인 관심을 끌고 있다. 이종길 교수팀은 항암제 주사를 놓아 백혈구 숫자가 현저히 감소한 실험쥐에 알로에 다당체를 경구 투여한 결과, 백혈구 생성이 촉진되면서 백혈구 숫자가 정상수준으로 회복됐다는 연구 실험을 했다(경향신문 2014년 5월 21일자, '인슐린저항성 개선효과… '알로에' 다시 뜬다'). 이 교수팀의 연구에 따르면 알로에의 다당체 섭취량이 높을수록 백혈구가 더 많이 생성되고 결과적으로 면역기능이 증진되는 것으로 나타났다. 이 연구는 항암 치료할 때, 백혈구 숫자가 감소하는 부작용을 알로에 다당체 투여로 줄일 수 있다는 사실을 말하고 있다. 이 실험 결과는 〈International Journal of Molecular Science 15(1);19342-19354〉(2014년 10월 24일)에 발표됐다.

또 삼육대 약학대학 김경제 교수팀의 연구에 따르면 비만으로 인해 당뇨에 걸린 쥐에 장기간 알로에 다당체를 투여한 결과 당뇨의 원인이 되었던 인슐린저항성이 정상 수준으로 회복된 것으로 나타났다. 서울대병원 가정의학과 조비룡 교수팀은 당뇨병 전기 상태인 성인을 대상으로 인체 적용 시험을 했다. 8주 간의 알로에 다당체를 먹은 결과 체지방량 감소와 함께 인슐린 저항성이 개선된 것으로 확인됐다.

알로에의 핵심 기능성 물질인 다당체가 우리 몸의 면역력 증진에 효능이 있고, 각종 질병의 예방에 효과적이라는 사실이 학계의 연구결과에 의해 밝혀지고 있는 것이다.

면역력 자가 진단 테스트

질문	대답 Yes	No	나의 점수
적어도 나의 부모 중 한 분 그리고 조부모 중 한 분은 80세 이상 생존하셨다.	1	0	
나는 한 달 혹은 그 이상 모유를 먹었다.	1	0	
나는 마취를 해본 적이 없다.	1	0	
나는 지난 2년 동안 심각한 부상을 당한 적이 있다.	0	1	
나는 단핵증을 앓은 적이 있다.	0	1	
나는 비장을 제거했다.	0	1	
나는 50세가 넘었다.	0	1	
나는 50세가 넘었으며, 지난 해 X-Ray를 찍은 적이 있다.	1	0	
나는 종종 과로를 한다.	0	1	
나는 끊임없이 스트레스를 받고 있다.	0	1	
나는 긍정적인 태도를 갖고 있으며, 나 스스로 매우 건강하다고 여긴다.	1	0	
나는 좋은 자아 이미지를 갖고 있다.	1	0	
나는 사람들과 오랫동안 좋은 관계를 맺는다.	1	0	
나는 많은 사람들에게 적대감을 느낀다.	0	1	
나는 사랑과 보살핌을 받는다.	1	0	
나는 건강하고 영양가 있는 음식을 먹는다.	1	0	
나는 고기, 유제품, 아이스크림, 튀긴 음식, 짭짤한 간식 등을 많이 먹는다.	0	1	
나는 찌거나 삶거나 끓이거나 오븐에 구운 음식을 먹는다.	1	0	
나는 숯불구이나 철판구이 고기를 좋아한다.	0	1	
나는 종종 변비에 걸린다.	0	1	
나는 식사에 비타민을 보충한다.	1	0	
나는 비타민C 보조제를 먹는다.	1	0	
나는 담배를 피운다.	0	1	
나는 술을 많이 마시는 편이다.	0	1	
나는 햇볕에 노출되는 시간이 많다.	0	1	
나는 매일 운동을 한다.	1	0	
나는 휴식을 취할 틈이 없어 보인다.	0	1	
나는 종종 속수무책임을 느낀다.	0	1	
나는 식사할 때 곡물과 섬유질을 많이 먹는다.	1	0	
나는 녹황색 채소를 많이 먹는다.	1	0	

질문	대답		나의
	Yes	No	점수
나는 감기에 잘 걸린다.	0	1	
나는 올해에 독감에 걸렸었다.	0	1	
나는 알레르기가 있다.	0	1	
나는 나의 직업과 인생을 컨트롤할 수 있다고 느낀다.	1	0	
나는 변화는 위협보다는 도전이라고 느낀다.	1	0	

출처 〈면역체계의 이해(Understanding your immune system)〉 이브 포츠, 마리온 모라 공저

나의 점수를 합산, 면역력 지수를 알아본다!

합계점수 30~35 : 당신의 면역력은 아주 좋은 상태입니다. 당신의 생활습관도 아주 좋군요. 앞으로도 계속 이러한 생활습관을 유지해 나가십시오.

합계점수 20~30 : 당신은 중간 상태입니다. 하지만 건강을 유지하기 위해서는 면역력을 향상시키는데 좀 더 관심을 가질 필요가 있습니다. 당신의 여러 가지 생활습관들을 살펴보고, 면역력을 좀 더 증강하기 위해 변화시킬 수 있는 것이 무엇인지 생각해 봐야 합니다.

합계점수 20 이하 : 당신은 면역력이 저하된 상태입니다. 아직 질병에 걸리지 않았다면 곧 어딘가 몸이 신호를 보내올지도 모를 예비 상태라 할 수 있습니다. 당신의 생활습관을 심각하게 살펴 볼 필요가 있으며, 면역력 증강을 위해 당장 새로운 변화를 시도해야 합니다.

2부

쉽게 알아보는
면역력 메카니즘

군사조직 같은 면역체계

면역체계는 질병으로부터 내 몸을 지키는 방어시스템

'면(免)'은 면제된다는 뜻이고 '역(疫)'은 질병이라는 뜻이다. 옛날에는 질병이 주로 감염성 질환을 의미했으므로 '면역'은 '감염성 질환을 면제 받는다'는 의미로 시작되었다. 또 예전에 앓았던 질병에 다시 걸리지 않는 현상을 '면역이 생겼다'라고 말하곤 한다. '면역'을 질병으로부터 우리 몸을 지키는 일종의 자기 방어시스템으로 우리 몸 안에 존재하는 자연치유력이라 할 수 있다.

우리의 몸을 하나의 국가라고 생각할 때, 면역은 적군의 침입을 막는 국방 시스템이다. 우리는 눈에 보이지 않는 수많은 미생물들에 둘러싸여 있다. 우리 몸은 살아 숨 쉬는 한 끊임없이 외부로부터 세균, 바이러스, 독소, 기생충, 진균류, 발암물질 등 수많은 침입자들의 공격을 받는다. 그 과정은 작게는 감기부터 크게는 암까지 다양한 질병의 형태로 나타난다. 이러한 외부의 공격으로부터 우리 몸을 지켜내는 힘이 바로 면역력이다.

  이물질의 침입을 억제하는 '최전방 방어선' 역할은 인체의 피부나 점막이 담당한다. 피부는 인체 면역계의 최전방으로, 외부의 이물질이 몸속에 들어오지 못하게 막는 1차 방어 장벽이다. 피부를 구성하는 다양한 세포와 체액인자가 상호작용하면서 효과적인 면역체계를 형성한다. 이와 함께 피부에 나오는 땀이나 피지, 점막 조직인 위 내벽을 감싸는 위액 등이 살해무기에 해당한다. 체온 역시 우리 몸의 방어기제 중의 하나이다. 체온이 침입자의 증식을 억제하기도 한다. 감기에 걸리거나 혹은 다른 질병에 감염되었을 때 나타나는 고열 현상은, 미생물이 제대로 증식하지 못할 조건을 우리 몸이 만드는 과정에서 일어나는 것이다. 눈물이나 콧물, 침에 들어있는 분해 효소 역시 이물질의 침입을 막는 방어 기제다.

그림1 인체의 면역체계

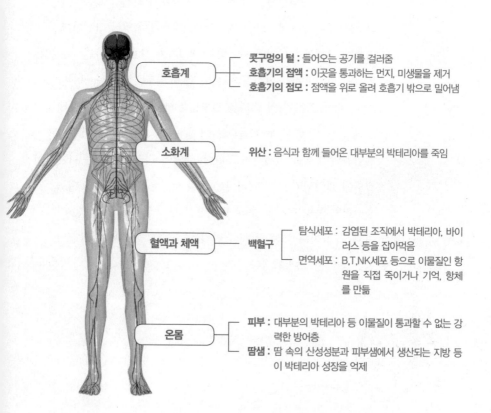

호흡계
- **콧구멍의 털** : 들어오는 공기를 걸러줌
- **호흡기의 점액** : 이곳을 통과하는 먼지, 미생물을 제거
- **호흡기의 점모** : 점액을 위로 올려 호흡기 밖으로 밀어냄

소화계
- **위산** : 음식과 함께 들어온 대부분의 박테리아를 죽임

혈액과 체액 — **백혈구**
- **탐식세포** : 감염된 조직에서 박테리아, 바이러스 등을 잡아먹음
- **면역세포** : B,T,NK세포 등으로 이물질인 항원을 직접 죽이거나 기억, 항체를 만듦

온몸
- **피부** : 대부분의 박테리아 등 이물질이 통과할 수 없는 강력한 방어층
- **땀샘** : 땀 속의 산성성분과 피부샘에서 생산되는 지방 등이 박테리아 성장을 억제

이물질이 침입하면 즉시 가동되는 면역체계

이물질이 체내에 아예 들어오지 못하도록 막는 장벽이 1차 방어 면역체계라면, 본격적인 면역 활동은 침입자가 장벽을 뚫고 우리 몸 안에 들어온 뒤 시작된다. 이때 면역 활동은 2단계로 진행된다. 하나는 이물질을 공격하거나 먹어치우는 등의 직접적이고 물리적인 방법의 '선천성 면역체계'이고, 다른 하나는 이물질을 인식해 무력화시킬 수 있는 물질, 즉 항체를 만들어 질병에 걸리지 않게 하는 '획득성 면역체계'다. 선천성 면역체계와 획득성 면역체계는 서로 협력해 침입자를 퇴치한다.

면역세포들은 고도의 정확한 임무를 수행하는 전쟁 무기에 비유할 수 있다. 이러한 면역 활동의 주역은 혈액 속의 백혈구다. 백혈구는 우리 몸을 지키는 상비군이다. 백혈구의 가장 중요한 역할은 체내에 침입한 세균이나 바이러스 같은 이물질을 퇴치하는 것으로 온몸의 혈액 속을 순찰하면서 끊임없이 적을 감시하고 공격한다. 백혈구는 단일 세포가 아니라 과립구, 대식세포(마크로파지 Macrophage), 림프구 등으로 이루어져 있다. 일반적으로 과립구가 약 60%, 림프구가 약 35%, 대식세포가 약 5%를 차지한다.

도표2 **백혈구의 면역반응**

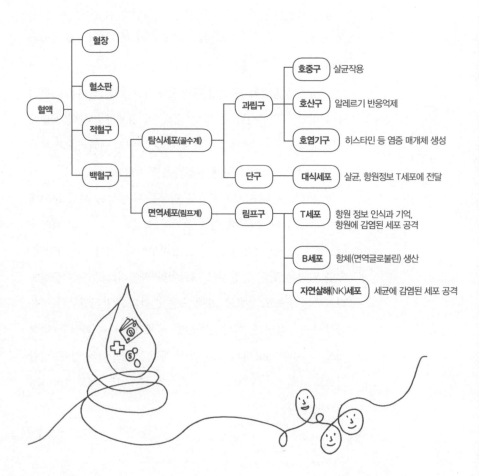

혈액
- 혈장
- 혈소판
- 적혈구
- 백혈구
  - 탐식세포(골수계)
    - 과립구
      - 호중구 — 살균작용
      - 호산구 — 알레르기 반응억제
      - 호염기구 — 히스타민 등 염증 매개체 생성
    - 단구
      - 대식세포 — 살균, 항원정보 T세포에 전달
  - 면역세포(림프계)
    - 림프구
      - T세포 — 항원 정보 인식과 기억, 항원에 감염된 세포 공격
      - B세포 — 항체(면역글로불린) 생산
      - 자연살해(NK)세포 — 세균에 감염된 세포 공격

과립구

과립구는 호중구, 호산구, 호염기구로 나눌 수 있는데, 그 중에서 호중구(다형핵 백혈구)는 이물질을 직접 공격하는 기능을 하는 면역세포의 대표주자로 내부에 단백질 분해효소로 가득 찬 과립(알갱이)을 가지고 있다. 호중구는 대식세포에서 탐식 기능이 강화된 것으로 세균처럼 입자가 큰 이물질을 처리하는 데 탁월한 능력을 갖고 있다. 호중구는 몸속으로 이물질, 즉 세균이 침입하면 세균을 막으로 감싸서 자신의 몸 안으로 끌어들인 다음, 세균을 감싼 막을 세포 안의 과립으로 파괴하여 세균을 처치하고 자신도 사멸한다. 즉 상처 부위로 침투해온 세균 수백 마리를 분해효소와 활성산소를 이용해서 한꺼번에 먹어치운 뒤 자신도 죽는 것이다. 호중구와 세균의 싸움은 화농성 염증을 일으켜 치유하는 형태로 상처가 덧난 뒤 생기는 고름이 바로 호중구의 무덤이라 할 수 있다.

대식세포

대식세포 즉 마크로파지(Macrophage)는 이름처럼 백혈구의 면역세포 중에 가장 크고, 침입한 이물질을 많이 잡아먹고 소화시키는 작용을 한다. 또한 이물질의 죽은 잔해를 제거하고 청소하는 역할을 한다. 대식세포는 온몸에 분포되어 있는데 아메바처럼 촉수를 가지고 움직이면서 몸속에 이물질이 침입하면 즉시 이물질을 감싸서 처치한다. 이 기능이 '잡아먹는 것 같다' 하여 탐식기능이라고 한다. 대식세포는 면역체계가 침입자를 인식할 수 있도록 다른 면역세포들에게 침입자에 대한 정보를 제공하는 역할도 한다.

림프구

림프구는 면역 기능을 주관하는 세포로서 바이러스나 세균 등 우리 몸에 침입한 이물질을 항원으로 인식하고, 그것에 대항하는 항체를 만들어 이들을 처치한다. 평소에는 휴식을 취하고 있다가 대식세포가 제공해주는 항원을 인식하게 되면 휴식에서 깨어나 분열하면서 면역 기능을 발휘하게 된다. 림프구가 깨어나 항원인 바이러스와 싸우기까지는 어느 정도 시간이 걸리는데 이것이 바로 바이러스에 대한 면역 반응이 유도되는데 걸리는 시간이다. 림프구에는 T세포, B세포, NK세포가 있다.

실제로 몸에 이상이 생기면 백혈구가 급격히 늘어난다. 침입자나 이상세포와 싸우기 위해서다. 혈액검사에서 백혈구의 양이 급격히 늘어나면 몸에 이상이 생긴 것으로 파악하는 것도 이런 이유 때문이다. 이들 세포들은 종류에 따라 비율 뿐만 아니라 하는 역할도 다르다. 다른 세포와 팀을 이루어 복잡한 방어계획을 세우기도 하고 림프기관에서 만나기도 한다.

침입자를 발견하면 우선 평소 혈액 속에 포함되어 온몸을 돌며 순찰하던 대식세포가 침입자를 잡아먹으며 동시에 감염 부위에 백혈구를 불러 모은다. 이들은 세균 같은 이물질이 우리 몸에 침범했을 때 가장 먼저 출동하는 선발대다. 피부에 작은 상처가 났을 때를 생각해 보자. 정상적으로 건강한 사람이라면 대개 작은 고름이 생기고 쉽게 아무는 경험을 했을 것이다. 상처가 좀 심한 경우는 빨갛게 부어오르면서 여러 날 동안 쉽게 낫지 않고 열이 날 때도 있다. 전쟁터에서 화염이 치솟듯, 이들이 침입자와 싸우는 과정에서 환부에 발열과 염증이 생기는 것이다. 이러한 면역 반응이 선천성 면역체계다.

그런데 침입자의 독성이 강하거나, 수가 많거나, 변종이 거듭 나타나면 이러한 선천성 면역체계만으로는 감당할 수가 없다. 이때 가동되는 것이 2단계 면역체계인 획득성 면역체계다. 선천성 면역체계의 대표주자인 대식세포나 과립구는 적군이 침입하

T세포

면역체계의 총사령관이다. 흉선(Thymus)에서 만들어지며, 면역에서의 기억 능력 및 항원에 감염된 세포를 파괴하는 기능을 가진다. 또 B세포에 항원의 정보를 제공하여 항체 생성을 돕는 일도 한다. 역할과 기능에 따라 조력T세포, 살해T세포, 조절T세포로 분류된다. 조력T세포는 직접 세포를 파괴하거나 식균 작용은 없지만 여러 면역 물질을 생성하여 면역체계의 능률이 최대가 되도록 하며 다른 면역세포를 활성화하는 데 도움을 준다. 즉 면역반응을 촉진시키는 사령관 역할을 한다. 살해T세포는 바이러스에 감염되거나 손상된 세포 혹은 암세포를 파괴하여 자연사시킨다. 조절T세포는 자가면역질환이나 장기이식에서 면역 반응을 조절하는 역할을 한다.

B세포

골수(Born)에서 만들어지고 골수에서 성숙해 B세포라고 불리는 면역세포. 주요 기능은 조력T세포의 도움을 받아 항체를 만들어내 침입자인 항원에 달라붙어 파괴하는 일이다. 이때 B세포가 만들어낸 항체를 면역글로불린이라고 하는데 IgM, IgG, IgA, IgE 등의 종류가 있으며, 이 항체가 바로 세균이나 바이러스에 감염된 세포, 즉 항원에 반응하는 역할을 한다. 특이하게도 이 항체들은 각각 특정한 한 종류의 항원에만 반응하는 성질이 있다.

NK세포

바이러스에 감염된 세포나 암세포를 직접 파괴하는 면역세포. 세균에 감염된 세포를 공격하는 것이 특징이다. 단독으로 세포를 감시하고 암세포들을 찾아내 직접 공격하고 파괴해서 자연살해세포라고 부른다. 정상인이라도 하루에 약 수백만 개의 세포가 암세포로 변하는 것으로 알려져 있다. 그런데도 암환자가 되지 않는 것은 바로 자연살해세포 때문이다. 학계에서는 이 NK세포를 이용한 항암치료 방법을 연구하고 있다.

면 일차로 맞서 무차별적으로 공격할 뿐 침입자가 가진 특이하고 미세한 특성은 알지 못한다. 대신에 대식세포는 전투를 벌이면서 이 침입자에 붙어 있는 공격물질(항원)을 획득하고, 명령을 전달하는 연락병인 '사이토카인'을 통해 림프절을 비롯한 신체 곳곳의 림프기관으로 전달한다. 그러면 그곳에서 기다리고 있던 면역세포들이 대식세포가 보내 준 정보를 통해 침입자의 특성 즉 항원을 파악하고 그와 맞설 수 있는 특수요원들을 선발, 출동시키게 된다. 이것이 바로 획득성 면역체계다.

면역력의 총사령관 T림프구

대식세포가 보내 준 항원의 정보를 분석해서 출동하는 면역세포는 림프구의 T세포와 B세포다. T세포는 '흉선'에서 만들어져 출동하고, B세포는 '골수'에서 만들어져 출동한다. 이들은 적의 특성에 딱 맞춰 출동하기 때문에 미사일에 비유할 수 있다. 이들의 면역 반응 즉 전투 방식은 서로 다르다. T세포는 직접 침입자를 삼키거나, 침입자에 감염된 세포에 달라붙어 파괴한다면 B세포는 면역글로불린이라는 '무기(항체)'를 만들어 침입자를 처치한다.

대식세포나 과립구는 자신의 몸이냐 이물질이냐에 대해서만 구분하여 반응하는데 비해 림프구는 철저히 일대일 대응 즉 특이적인 이물질에 대해서만 반응한다. 이것이 획득성 면역체계의 특징인 '특이성'이다. 특이성이란 우리 몸에 침입한 균을 비롯한 외부 물질, 항원에 대해 반응하는 림프구가 정해져 있다는 것을 뜻한다. 미사일처럼 오로지 정해진 자기 목표에 대해서만 반응을 하는 것이다. 단 몇 시간만 활약하는 선천성 면역체계보다 획득성 면역체계가 활약하는 기간은 훨씬 길어서 보통 4~5일, 길면 1~2주일 동안 활약한다.

면역체계의 핵심, 항원 항체 반응

외부 침입자 즉 항원들은 각기 다른 성질을 갖고 있어서 침입해 올 때마다 그 항원에 딱 맞는 항체로 대항해야 한다. 이것이 앞에서도 말했듯이 획득성 면역체계가 갖고 있는 특징인 '특이성' 이다. 그런데 항원에 딱 맞는 항체를 만들어내는 속도는 항원의 종류에 따라 다를 뿐 아니라 낯설고 새로운 항원일수록 그에 맞는 항체를 만들어내는 데 시간이 많이 걸린다. 침입자가 몸속에 퍼지는 속도보다 항체를 만드는 시간이 더 걸리면 질병으로 진행되고, 이후에라도 항체가 만들어지면 회복되지만 만일 우리 몸이 견딜 수 있는 시간 동안 항체가 만들어지지 못하면 생명을 잃을 수도 있다.

면역체계가 침입자와 싸워 침입자가 처리되면 출동한 T세포와 B세포는 대부분 현장에서 사멸한다. 하지만 그중 일부는 침입한 항원의 특징을 기억하는 '기억세포'로 변신한다. 이 기억세포는 인체 내에 머물러 있다가 나중에 똑같은 항원이 다시 침입했을 때 재빨리 출동한다. 침입자를 처치하는 시간이 매우 빨라짐은 물론이다. 질병 예방백신은 바로 이러한 면역의 원리를 이용해서 개발한다. 죽은 균이나 아주 약하게 만든 균으로 예방백신을 만들어 건강할 때 몸속에 주사하여 면역세포들이 전투를 경험하게 하고 나중에 진짜 균에 감염된 실전 상황이 발생했을 때 나서서 싸우고, 동시에 다른 T세포와 B세포에게 대응 요령을 알려줘서 재빠르게 제압하는 것이다. 이때는 항체를 새로 만들어내는 것이 아니라 복사해내는 것이어서 매우 빨리 대량으로 만들 수 있다. 이렇게 만들어진 항체는 질병으로 진행되기 전에 침입자를 퇴치해버린다. 이것이 바로 우리가 예방주사를 맞는 이유다. 예전에 앓았던 병에 다시 걸리지 않을 때 '면역이 생겼다'라고 말하는 것도 같은 맥락이다.

Ernesto Salgado

면역체계는 항상성을 유지하는 데 도움을 준다

우리 몸의 면역체계는 단순히 수비대 역할만 하는 것이 아니다. 체중관리, 소화기능, 에너지, 혈당, 신경계, 뇌, 혈압, 관절, 감정, 신진대사, 호르몬, 심혈관 계, 폐장 등 신체 대부분 부위의 기능과 연관이 되어 있다. 체내 세포를 건강하게 유지하고, 신체의 기능 저하와 세포 조직의 노화를 막아 주는 역할까지 한다. 면역체계가 튼튼하고 균형 잡혀 있으면 스트레스에 대한 대응력도 강해지고, 병원균과 유해 바이러스, 환경적인 요인에 의한 공격에 대해서도 스스로를 지킬 수 있는 것이다.

면역력, 균형 유지가 중요하다

면역력은 양면성을 가지고 있다. 낮아도 안 되고 높아도 안 되는 것이 면역력이다. 질병은 면역력이 약해서도 생기지만 지나치게 강한 면역반응에 의해서도 생기기 때문이다. 면역력은 높지도 낮지도 않게 균형을 이룬 상태가 가장 좋다. 면역반응이 균형을 이루면 질병이 발병 한계선 아래에 놓이게 되어 건강이 유지된다. 그런데 면역반응이 불균형하여 과도하게 활성화되거나 너무 저하되면 한계선을 넘어 병이 시작된다.

면역세포가 과잉 상태가 되면 무해한 이물질에도 과민반응을 일으킨다. 면역체계가 사람 몸에 해가 없는 대상에 대해 항체를 만들어 나타나는 현상이 알레르기다. 아토피나 천식, 꽃가루 알레르기 같은 질환이 바로 면역 과잉 때문에 생긴 것이다. 또 면역체계가 자신의 세포나 조직을 이물질로 간주하고 공격해서 나타나는 현상이 '자가면역 질환'이다. 류머티스 관절염, 바세도씨병 등이 여기에 해당한다.

우리 몸은 항상성(Homeostasis)이 있다. 항상성이란 환경 변화에 대응하여 생명 현상이 제대로 일어날 수 있도록 일정한 상태를 유지하는 성질로 우리 몸이 일정한 기능을 잘 유지하게 하는 상태이다. 이 항상성이 깨질 때 우리 몸에는 문제가 생긴다. 면역체계 역시 평소에는 안정적으로 면역력을 유지하고 있다가 외부로부터 이물질이 침입하면 면역세포가 활성화되어 이물질을 퇴치하고 다시 제자리로 돌아가서 항상적인 수준을 유지해야 한다.

share

도표3 한눈에 보는 면역반응 과정

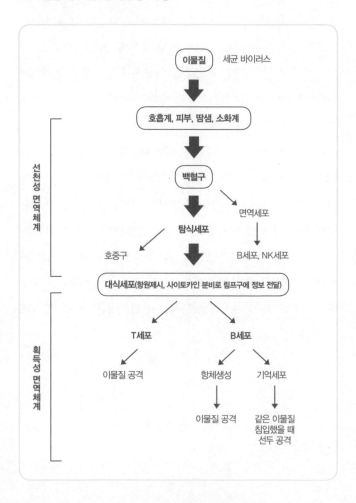

사이토카인

사이토카인(Cytokine)은 면역 활동에 필요한 정보를 전달하는 단백질이다. 대식세포와 T세포가 분비하며, 대식세포와 림프구 사이 또는 림프구와 림프구 사이의 정보를 전달하는 역할을 한다. 사이토카인은 세포막의 수용체와 결합하여 다양한 면역반응을 일으킨다. 발열, 부기, 통증 등은 바로 이 사이토카인이 면역반응을 보이면서 나타나는 증상이다. 사이토카인은 T세포의 조절에 관여하는 것, 암세포에 직접 작용하여 증식을 억제하거나 파괴하는 것, 세포의 증식을 촉진하는 것, 알레르기 등 염증반응에 관여하는 것 등 그 기능에 따라 종류가 매우 다양하며, 현재 약 50종류가 알려져 있다.

한눈에 보는 면역 반응 과정

1. 몸에 항원(바이러스, 세균 등의 이물질)이 들어온다.

2. 대식세포 또는 B세포가 항원을 감싸서 삼킨다. 삼킨 물질을 분해효소로 소화시켜 조각을 내고, 항원조각을 조력T세포에게 제공한다.

3. 항원에 대한 정보를 제공받은 조력T세포는 세포 사이의 정보 전달 물질인 다양한 사이토카인을 분비한다.

4. 사이토카인의 자극을 받은 항원 특이 살해T세포가 항원에 감염된 세포를 인식하고 죽인다. 이것이 일어나는 때는 최초 감염에서 4~5일 후다.

5. 사이토카인이 분비되면 림프구 등에 있는 항원 특이 B세포가 활성화되어 항체를 생산한다.

6. 사이토카인은 대식세포를 자극해 활성화시켜 항체의 저격을 받은 항원을 먹어치워 처리한다. 결국, 항원에 감염된 세포는 살해T세포에게 붙잡혀 최후를 맞고, 항원들은 이리저리 도망 다니다 항체의 저격을 받아 대식세포의 먹이가 된다.

알로에,
어떤 역할을 하나

면역력 조절 효능 뛰어난 알로에 면역다당체

알로에 성분이 면역력을 강화한다는 주제는 최근 학계가 집중적으로 연구하고 있는 분야이며, 주목할 만한 연구 성과가 쏟아져 나오고 있다. 1994년 미국 앤더슨 의대 암 연구소는 자외선 때문에 면역성이 떨어진 피부에 알로에를 바르면 피부암 발생 가능성을 낮출 수 있다는 연구 결과를 발표했다. 자외선을 계속 쪼이면 피부의 면역 세포가 파괴되고, 면역 세포의 수가 줄면 피부의 면역성이 떨어져 피부의 면역 반응이 억제된다. 면역 반응이 억제됨으로써 생기는 가장 대표적인 질병이 피부암이다. 그런데 이때 알로에를 처치하면 며칠 내로 면역 세포수가 80% 이상 복구된다는 것이다. 또 아무 것도 바르지 않은 피부에 자외선을 쪼였을 때보다 알로에를 처치한 피부에 자외선을 쪼였을 때 면역세포의 감

다당체(Polysaccharide)

다당체는 탄수화물(Carbohydrate)의 종류 중 가장 큰 단위로 여러 개의 단당체(Monosaccharide)가 고리처럼 연결되어 있는 물질이다. 포도송이로 비유하면 포도송이는 다당체, 포도 한 알은 단당체, 포도 두 알은 이당체라고 할 수 있다. 대표적인 단당체로는 포도당(Glucose), 과당(Fructose), 갈락토오스(Galactose) 등이 있으며, 이당체는 두 가지 단당류 중에서 기본적으로 포도당 하나와 나머지 하나의 단당류가 무엇인지에 따라서 나눠진다. 두 개의 포도당 결합은 맥아당(Maltose), 하나의 포도당과 과당의 결합은 자당(Sucrose), 하나의 포도당과 갈락토오스 결합은 유당(Lactose)이다. 다당체는 결합된 당의 종류에 따라 전분(Starch), 셀룰로즈(Cellulose), 글루코만난(Glucomannan), 펙틴(Pactin) 등 수많은 종류가 있다.

소가 눈에 띄게 둔화된다는 사실도 함께 밝혀냈다. 이 실험 결과는 알로에가 자외선에 의해 억제된 피부의 면역 반응을 회복시키는 성분을 함유하고 있다는 사실을 보여주었다.

이와 같은 연구를 토대로 알로에 신약개발 프로젝트 CAP(Creation of Aloe Pharmaceuticals)연구진은 알로에 성분의 면역 반응에 미치는 영향에 관한 연구를 1993년부터 시작했다. 다양한 실험을 통해 연구 성과가 나왔는데 그 중 가장 획기적인 것이 알로에에 면역 기능 억제를 완화시켜 주는 기능만 있는 것이 아니라, 면역세포 증강의 효과도 있음을 밝힌 것이다. 특히 알로에에 들어 있는 많은 기능물질 중에서 다당체가, 그중에서도 중간 크기의 '중간다당체'가 면역력을 증진하는 효과가 가장 큰 것으로 밝혀졌다.

다당체 중에서도 가장 면역효과 뛰어난 '에이스만난'

알로에는 많은 종류의 화합물을 가지고 있는 천연물이다. 그 중에서 다당체가 가장 많으며 다당체는 알로에 겔 층의 주요 성분을 이루고 있다. 알로에에 들어있는 다당체는 만난(Mannan), 펙틴(Pectin), 글루코만난(Glucomannan), 아세틸레이티드만난(Acetylatedmannan) 등이 있는데 그 중에서도 아세틸레이티드만난

2부

은 알로에에 많이 존재하는 다당체다.

캡(CAP)의 연구 결과 이 아세틸레이티드만난이 알로에의 면역 기능 증강의 주역인 것으로 밝혀졌다. 아세틸레이티드만난은 '에이스만난(Acemannan)'이라고 부르며 '면역다당체'라고도 부른다. 면역다당체는 만노오스와 글루코스를 주요 구성 당으로 하여 아세틸기가 결합된 화합물로 크기는 다양하다.

알로에의 면역다당체는 세 가지 방법으로 면역력을 증강시킨다

이종길 교수(충북대 제약학과)는 〈면역조절작용〉이란 논문에서 알로에 면역다당체가 면역력을 증강시키는 세 가지 방법에 대해 다음과 같이 설명하고 있다.

1. 대식세포를 활성화한다

면역 반응의 가장 큰 특징 중의 하나는 면역세포간의 상호 협력이다. 외부에서 침입한 항원에 대하여 항체를 생산하는 세포는 B세포이지만, B세포가 항체를 생산하기 위해서는 항원을 인식한 T세포의 도움이 필수적이다. 그런데 T세포는 항원을 직접 인식하지 못하고 대식세포나 수지상세포와 같은 항원제시세포의 도움을 받아야 한다. 따라서 항원에 대한 항체가 효과적으로 생산되기 위해서는 항원제시세포, T세포 및 B세포의 상호 협력이 있어야만 하는 것이다. 면역세포의 상호 협력에는 세포 간의 직접적인 접촉이 아주 중요하며, 면역세포가 분비하는 사이토카인도 중요한 역할을 한다. 따라서 세포 간의 직접적인 접촉에 관여하는 세포 표면분자의 발현을 증강시키는 물질이나, 사이토카인의 생산을 증강시키는 물질은 면역 증강 효능을 나타내는 경우가 많다. 그런데 면역다당체는 대식세포의 생산을 촉진시키고, 탐식력을 증강시키며, 대식세포를 활성화하여 사이토카인의 분비를 유도함으로써 면역 증강 효능을 나타내는 것으로 밝혀졌다.

2. T세포를 활성화할 수 있는 수지상세포를 분화유도하고 활성화한다

수지상세포는 항원제시 능력이 가장 강력한 보조세포다. 처음 나타난 항원에 대한 일차 면역반응에서도 T세포를 활성화할 수 있는 강력한 능력을 가진 세포다. 대식세포와 비교하면 항원제시능력이 수십에서 수백 배 강력한 것으로 알려져 있다. 그러나 조직에 존재하는 수지상세포는 보통 미성숙한 상태다. 탐식력은 어느 정도 갖고 있으나, T세포 활성화 기능은 약하다. 따라서 T세포가 활성화되기 위해서는 미성숙한 수지상세포의 성숙 및 분화 과정이 필요하다.

수지상세포

우리 몸이 바이러스에 감염되거나 종양과 같은 비정상적인 세포가 생겼을 때 이를 인식하고, T세포에 공격을 요청하는 항원제시세포의 일종이다. 신호를 받은 T세포는 바이러스에 감염된 세포를 파괴하는 방식으로 바이러스 확산을 막는다. 수지상세포는 림프계 조직을 비롯하여 여러 조직의 각 조직 세포간극에서 나뭇가지 모양으로 존재한다. 나뭇가지 모양으로 생겼다해서 수지상세포라 부른다. 골수에서 만들어진다.

그런데 면역다당체가 수지상세포의 분화 및 활성화 기능을 유도하는 것으로 밝혀졌다. 림프구 혼합배양시험에서 조사한 결과 면역다당체를 처리한 수지상세포는 처리하지 않은 대조군에 비해 T세포가 훨씬 많이 증식되었음을 알 수 있었다. 또한 면역다당체를 이용하여 분화시킨 수지상세포는 사이토카인을 훨씬 많이 증가시킨다는 것이 밝혀졌다. 이러한 결과를 볼 때 면역다당체가 나타내는 항암 및 면역 조절 효과의 주요 작용 기전은 미성숙 수지상세포의 분화 및 활성화 유도에 기인한다는 것을 알 수 있다.

3. 면역세포의 수와 NK세포 기능을 강화시킨다

면역다당체의 항암 및 면역 증강 효능은 일차적으로 대식세포와 수지상세포 같은 항원제시세포의 기능 활성화를 통해서 나타남을 알았다. 그런데 실험을 통해 항원제시세포 외에 면역세포에 대해서도 면역다당체가 여러 가지 효능을 발휘하고 있음이 확인되었다.

면역다당체는 방사선을 쪼인 실험쥐에 주사한 결과 비장 및 혈액 속에 존재하는 백혈구(림프구, 단핵구), 혈소판 등 여러 종류 세포의 수를 현저히 증가시키며, 골수에 존재하는 골수 조혈세포의 수도 증가시키는 것으로 나타났다.

또한 면역다당체는 자연살해세포(NK세포)의 기능을 강화시키는 것으로도 알려졌다. 이러한 효과는 아마도 면역다당체의 자극을 받은 수지상세포가 사이토카인 생성을 촉진해서 나타나는 효과일 가능성이 크다.

면역다당체는 또한 자외선으로 인해 억제된 피부의 세포성 면역 반응을 회복시키는 것으로 보고되고 있다. 피부에 존재하는 수지상세포가 자외선에 의해 사멸되거나 항원제시세포로서의 기능을 잃게 되는 것을 예방하는 역할을 면역다당체가 발휘하여 자외선에 의해 억제된 피부 면역기능을 회복시키는 것으로 추정된다. 면역다당체의 면역 증강 효능을 바이러스 감염 치료에 응용하려는 연구도 다양하게 진행되고 있다. 1987년 발표된 맥 다니엘의 논문 〈후천성 면역결핍증후군(AIDS)의 치료에 알로에 베라 다당체(Carnsyn)를 사용한 임상 시험 연구〉에 따르면, HIV 감염자 즉 에이즈환자에게 알로에 베라 다당체를 투여한 결과 증상의 약 71%가 감소되는 것으로 나타났다.

'중간 크기의 다당체'가 가장 효과적

면역다당체가 제대로 기능을 하려면 체내 진입이 잘 되어야 한다. 혈액에 직접 투여하는 주사가 아닌 먹어서 효과를 내는 것

도표4 중간 크기 다당체(MAP) 개념도

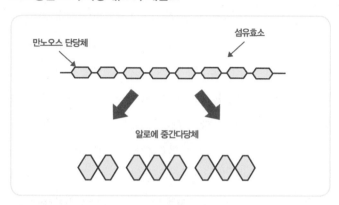

만노스 단당체

섬유효소

알로에 중간다당체

도표5 알로에 다당체 크기별 면역회복 효능 비교

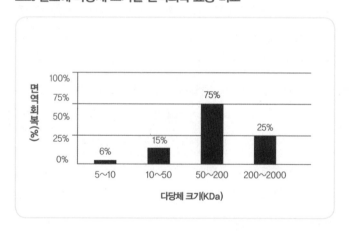

이므로 장내에서의 작용뿐 아니라 혈액 내로 진입이 잘 되어야 하는 것이다. 당은 보통 체내 소화효소에 의해 단당류 또는 이 당류로 분해되어서 소장 조직의 수송체를 통해서 혈액으로 진입한다. 그런데 다당체는 분자량이 너무 커서 효과적으로 진입하는 데 어려움이 있다. 따라서 다당체 중에서도 어떤 종류가 가장 잘 혈액에 흡수될 수 있는가를 알아내는 것이 중요하다.

알로에 다당체인 에이스만난의 분자량은 5KDa(킬로달톤)에서 수 천 KDa에 이른다. 분자량이 작으면 혈액흡수는 잘 되지만 효력이 작고, 분자량이 크면 효력은 크지만 혈액흡수가 어렵다.

다당체를 대(200~2000KDa), 중(50~200KDa), 소(5KDa 이하) 3 종류로 구분하여 실험한 결과, 중간 크기의 다당체 상태 즉 '중간다당체'가 가장 효과적으로 기능하는 것으로 나타났다. 또한 중간다당체 크기일 때가 만노오스를 가장 많이 노출시켜 면역세포와의 결합이 잘 되었다. 중간다당체는 고분자 다당체(200~2000KDa) 보다 3배의 면역 회복 능력이 있는 것으로 확인되었다. 참고로 고분자 다당체는 알로에 생초에 많이 함유되어 있다.

다당체 중에서 면역 회복능력이 가장 뛰어난 것으로 밝혀진 중간다당체의 함량을 극대화시키는 기술을 MAP(Modified Aloe Polysaccharides) 공법이라 하며, 국내 알로에 전문기업이 국내 및 미국 내 특허(특허등록번호 한국10-0678238, 미국 06436679)를 갖고 있다.

달톤(Dalton, Da)

달톤(Dalton, Da)은 생화학이나 분자 생물학에서 당질이나 단백질의 분자량을 나타내는 단위다. 주로 고분자 물질에 대해 사용하므로 보통은 1,000배인 킬로달톤(Kilodalton, KDa)의 형태로 많이 쓰인다. 메가달톤(Megadalton, MDa)은 달톤의 100만배에 해당하는 단위다.

3부

질병과
알로에 면역다당체

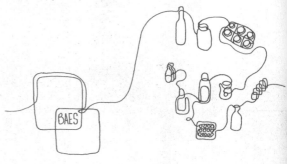

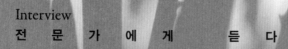

Interview
전 문 가 에 게 듣 다

조태형(네이처텍 고문)

서울대학교 약학대학 졸업, 약학 박사.
건강기능식품협회 정책위원회 위원장, 건
강기능식품협회 품질인정심의위원, 식품
의약품안전청 개별인정심사위원회 위원,
CAP 1기~CAP 4기 운영위원, 남양 부
사장(CTO), 유니젠 대표이사, ECONET
CTO, ECONET COO로 일했다.
현재 네이처텍 고문으로 일하고 있다.

알로에 연구의 역사

"만성질환은 우리 몸의 면역력이 저하되어서 생기는 경우가 많습니다. 그런데 현대의 학만으로는 완치가 어려운 것도 사실이죠. 그 대안으로 천연물들, 특히 오랜 기간 민간약용으로 사용되어 온 알로에에 대한 과학적인 연구가 이어졌습니다. 알로에의 성분 중 면역력 증강 작용이 있는 성분이 발견되었고, 그 성분을 극대화시킬 수 있는 재배 농법과 제조 공법의 발달로 신제품들이 출시되면서 지금, 알로에가 다시 주목받고 있습니다."

Q 현대의학이 놀라운 속도로 발전하는데도 여전히 아픈 사람들이 많은 이유는 뭘까요?

A 현대 의학의 발달은 감염성 질병의 예방과 치료에서 비롯되었습니다. 수많은 사람들이 사망하는 전염병은 인류를 위협하는 가장 무서운 질병이었죠. 그러한 전염병과의 싸움을 통해 의학은 비약적으로 발전하기 시작했습니다.

다양한 항생제의 개발, 치료법의 개선 등은 우리가 전염병으로부터 벗어나는 데 결정적인 역할을 했죠. 현대 의학의 놀라운 발전으로 인구는 폭발적으로 늘어났고, 우리의 평균 수명은 크게 늘어났습니다. 현대 의학은 질병에 촛점을 맞춰 질병의 원인을 알아내고 그 원인을 예방 · 치료 · 처치 · 경감하는 것을 근간으로 합니다.

그런데 세상에는 많은 질병이 있지만 그 원인을 모르는 경우도 많죠. 진단 기술은 상당히 진보했지만 원인을 모르기 때문에 모두 치료되는 것은 아닙니다. 단지 증상을 경감시키는 대증요법, 즉 처치만을 하는 경우가 많습니다. 더구나 현대의학의 발전과 과학의 발전으로 고령화가 진행되고 생활이 안락해짐에 따라 질병의 패턴이 달라지고 있습니다.

Q 질병의 패턴이 어떻게 달라졌나요?

A 간단한 세균성 감염 정도는 항생제로 쉽게 치료되고 위생적인 환경이 조성되면서 쉽게 예방할 수 있게 되었습니다. 이제는 감염성 질병보다는 오히려 생활 습관의 잘못으로 인한 생활습관병 또는 만성질환이나 고령화로 인한 질환 등으로 고통 받는 사람들이 많아졌죠. 최근에 이르러 급격한 증가 추세에 있는 노인 질환, 암 등은 원인이 불분명하거나 복합적이어서, 종래의 급성질환을 다루는 의학적 접근으로는 치료도 어렵고 시간도 오래 걸리는 게 현실입니다. 이러한 질병들은 완치가 어려운 경우도 많습니다.

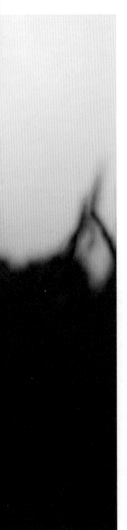

Q 그럼, 의학의 한계를 극복할 수 있는 방법은 무엇인가요?

A 바야흐로 사고의 일대 전환이 요구되었습니다. 뭔가 새로운 것으로 대체해야 하지 않나 하는 움직임은 선진국에서 먼저 시작되었습니다. 현대의학의 한계에 대한 대안으로 미국이나 일본 등에서 시작된 것이 식품의 재조명입니다. 식품은 많은 양을 오랫동안 먹어도 안전하다는 장점이 있는 반면 효능이나 기능은 약하다는 단점도 있죠. 과거에는 천연물 성분이라도 효과가 아주 강력한 것이 우선시되었습니다. 강력한 것은 그만큼 효과도 크지만 부작용도 있기 마련이죠. 기존 의약품의 문제점은 급성질환의 치료에 효과가 있으나 만성질환의 극복에는 문제점을 보이고 있습니다. 만성질환은 한 가지 인자로 발병하는 게 아닌 여러 가지 원인을 가지고 오랜 시간에 걸쳐 진행되어 나타나는 것이므로 강한 단일 성분을 지닌 물질로 대처하는 방법은 맞지 않습니다.

Q 현대의학의 대안으로 대두된 것은 무엇인가요?

A 미국의 과학자들이 동양의 전통적인 천연물들을 주목하기 시작했고, 과학적으로 재조명하고 검증하기 시작했습니다. 현대 의학의 부족한 부분을 대체의학 등으로 보완하려는 움직임이 나타난 것이죠. 그래서 천연 물질 중 예전에는 효과가 약하

다고 해서 버려졌던 것이나 간과하던 것을 다시 과학적으로 검증하기 시작했습니다. 그렇게 재조명되기 시작한 천연물들이 알로에, 마늘, 인삼, 버섯, 파, 귤껍질 같은 것들입니다.

천연물에는 수많은 성분들이 존재하며 인류가 합성한 화합물보다 훨씬 다양한 화학구조를 갖고 있습니다. 또한 천연물 성분 중 많은 성분이 합성 화합물에 비해 상대적으로 생리적 기능이 강하지 않아 간과되었고, 발굴, 개발되지 않았습니다. 최근의 흐름은 천연물 성분의 생리 활성의 강도보다 그 약리작용의 원인적 치료 효과에 주목하는 것입니다. 특히 만성질환이 증가하는 현대에는 천연물이 더 유용할 수도 있습니다.

Q 천연물질 중에서 특히 알로에가 주목받는 이유는 무엇 때문인가요?

A 알로에는 인류가 사용한 최초의 약초 중 하나이며 6천 년 넘게 다양한 치료제로 사용되어 왔습니다. 문헌을 보면 이집트의 파피루스 기록 뿐만 아니라 성경에도 나와 있고, 우리나라의 〈동의보감〉에도 '노회'라는 이름으로 실려 있지요. 알로에는 원래 중동, 아프리카 북부 지역이 원산지로 콜럼버스를 통해서 신대륙에 전파되었고, 신대륙에선 카리브해 연안의 바베이도스에서 재배하기 시작했다고 알려져 있습니다. 이는 알로에를 약으

로 사용한 역사가 굉장히 오래됐다는 것을 의미하며, 알로에의 약리 작용에 상당한 신빙성을 주는 대목이기도 합니다.

알로에에 관한 전 세계의 문헌을 검색해 보면, 알로에는 미국을 비롯한 독일 등의 약전에 수록되어 있을 뿐만 아니라, 3천여편이 넘는 논문들이 있습니다. 오랜 기간 약용 · 식용 · 화장품 등으로 사용되어 온 알로에가 재조명받는 것은 당연한 일입니다.

Q 알로에에 대한 연구는 언제부터 본격적으로 시작됐나요?

A 알로에가 근대적 임상치료에 활용되기 시작한 것은 1930년대부터입니다. 방사선 피폭으로 생긴 피부 화상에 대한 알로에의 치료 효과가 과학적으로 입증된 이후 알로에의 치료 효과에 대해 많은 연구가 이루어졌습니다. 1959년 알로에 연고가 미국 FDA에 의해 피부 상처 치유 효과를 가진 의약품으로 인정받게 되면서 알로에의 다양한 약리 작용 및 치료 효과가 보고되었습니다. 이후 상처 치유, 세포 성장 촉진, 화상과 동상 치유, 항균 작용, 항염증 작용, 항암 효과, 항알레르기 효과, 면역 저하 회복 효과, 항산화 작용, 혈당 강하 작용 등 알로에의 다양한 효능에 대한 논문들이 쏟아져 나왔습니다.

이와 같은 연구 논문들을 배경으로 알로에는 지난 60여 년간 많은 기업들에 의해 산업화되어 대량 재배, 가공되었고, 의약

**알로에는
선인장과 식물이다?**

알로에의 생김새가 선인장과 비슷해서 선인장과 식물로 알고 있는 사람들도 많지만 알로에는 식물학상으로 백합과 알로에 속에 속하는 다년생 식물이다. 세계적으로 약 600여 종이 분포되어 있다. 알로에는 종류마다 다소 차이는 있으나, 전세계적으로 과육을 먹는 알로에베라가 많이 사용되고 있다.

품, 건강기능식품과 기능성 화장품의 원료 소재뿐만 아니라 다
양한 용도의 제품으로 개발되어 응용되었습니다.

Q 알로에가 민간요법으로만 사용되지 않고 과학적인 근거를
갖게 된 것이군요.

A 그런데 이렇게 알로에가 대량으로 상업화되어 보급되고,
연구 논문이 발표되기 시작했지만 보다 더 전문화되고 특화된
뛰어난 의약품 등의 제품 개발로 연결되지 못했습니다. 그 이유
는 기업들의 지나친 상업적 마인드에 있다고 할 수 있습니다.
알로에에 대한 R&D 투자를 통해 과학적인 방법으로 새롭게 알
로에의 효능, 효과를 증명하고 응용하기보다는 과거의 역사적
인 사실에만 집착하여 상업적이고 상투적인 방식으로 알로에를
마치 만병통치약인 것처럼 강조한 것입니다. 그러다 보니 과학
자들 사이에서 알로에에 대한 비판이 생기고, 소비자에게도 알
로에가 단순히 민간, 전통 의약의 범주에 머무는 소재나 제품으
로 인식되었습니다.

Q 알로에의 과학화에 여러 가지 걸림돌들이 있었네요.
A 우선 초기 과학자들의 알로에 연구는 의약품 개발을 목적
으로 하지 않았기 때문에 계획적이거나 체계적이지 않았습니

다. 또한 알로에의 효능, 효과는 그 단일 성분들의 작용보다는 여러 성분의 상승 작용 때문이라고 봤습니다. 따라서 표준화되고 특화된 제품 개발이 되지 않고 알로에 잎 전체 또는 전체 추출물로 만든 제품 사용에 머물렀습니다. 특히 알로에의 단일 활성 성분을 분리하고 효능을 연구하는 것이 미진해서 특허 의약품화가 어렵고 품질관리가 어려웠으며 이를 이용한 신약 개발 노력이 저조했습니다. 따라서 알로에를 새롭게 과학적으로 상품화하기보다는 그 유용성을 민간, 전통 요법으로 인정하여 단순 가공 제품을 시장에 바로 내놓음으로써 그 효능, 효과를 품질로써 증명하는 데 소홀했던 겁니다.

Q 그렇다면 알로에의 과학화는 어떻게 시작되었나요?

A 국내의 알로에 전문기업이 국내 최초로 알로에 시험 재배에 성공하고, 알로에의 효능과 효과를 과학적으로 밝혀내기 위한 연구를 세계 최초로 시도했습니다. 1989년 미국 텍사스 의대 교수진을 중심으로 국제 알로에 연구재단(ARF, Aloe Research Foundation)을 설립하여 알로에를 통한 신약개발 및 각종 천연물 연구를 시작하였습니다.

또한 국내 유수의 대학 교수들을 비롯한 각계의 전문가들을 모아 연구팀을 만들고, '알로에 신약 개발(Creation of Aloe

Pharmaceuticals)'이른바 '캡(CAP)프로젝트'를 시작했습니다. 그게 벌써 20여 년 전인 1993년 6월의 일입니다. 1993년부터 지금까지 20여 년간 14개 대학 1백 여 명의 교수와 연구진이 알로에를 소재로 한 신약개발연구를 활발히 진행하고 있습니다. 지금까지 경험적으로만 알려진 알로에의 효능·효과를 과학적으로 증명하기 위해 알로에의 유효 성분을 순수 물질로 추출해내고 그것들의 효능을 검증하고 밝혀내고 있습니다.

Q 캡(CAP) 프로젝트를 통해 그동안 밝혀진 알로에의 효능은 무엇인가요?

A 알로에의 놀라운 효능이 과학적으로 입증되기 시작했습니다. 알로에는 세포 재생 촉진, 면역 조절 기능 면에서 탁월함을 보였습니다. 알로에의 가장 큰 효능은 피부가 상처나 화상 등을 입었을 때 새살을 빨리 돋게 해서 상처를 아물게 하는 것입니다. 이것이 바로 세포 재생 촉진 효능이죠.

간장 질환이란 바이러스나 염증 또는 간독성 물질로 인해 간세포가 다량으로 파괴되거나 기능이 떨어진 것을 말합니다. 알로에는 이렇게 파괴되거나 기능이 떨어진 간세포의 재생을 촉진하고 항산화 작용을 합니다.

또한 손상된 혈관 내벽 세포도 복구 등 혈액 순환을 개선하는

알로에는
생초로 먹는 것이 좋다?

알로에 생초와 제품의 가장 중요한 차이는 안전성이다. 알로에 제품은 생초를 가공하여 만드는데 생초에 함유된 자극 성분을 얼마나 잘 제거하느냐가 중요하다. 즉 얼마나 과학화된 원료 가공 공정을 거치느냐가 중요한 것이다.

또 다른 차이는 가공된 원료가 신선도를 유지하면서 유효 성분을 얼마나 함유하고 있는가다. 생초는 뿌리에서 분리된 경우 6시간 정도만 지나도 유효성분이 많이 소실된다. 따라서 6시간이 지나면 알로에 자체가 갖고 있는 효과를 기대하기 어렵다. 알로에 효능과 효과를 극대화한 제품을 생산하기 위해서는 생초를 채취한 지 6시간 이내에 원료로 가공해야 한다. 또한 면역다당체를 극대화하는 재배기술과 생초에서 면역다당체를 극대화하는 기술이 이 공정의 가장 중요한 부분이다. 본래 알로에 겔은 무색, 무취다. 시중에 판매되는 알로에 주스는 소비자의 입맛에 맞춰 여러 향이 첨가된 것으로 원래 알로에의 맛과 다르다.

효과도 있습니다. 위궤양이나 위염의 경우에도 피부세포와 마찬가지로 손상된 점막 세포를 빠르게 재생시키는 효과도 있음도 확인했습니다.

Q 알로에의 효능이 정말 많군요. 최근에는 면역과 관련해서 알로에가 다시 주목받고 있습니다.

A 물질 다양성과 새로운 합성물질의 예기치 않은 부작용 등으로 천연 약물 시대로 변화가 시작되고 있습니다. 특히 인류가 오랫동안 사용했던 알로에와 같은 천연물이 현대 의학의 맹점을 극복할 대안으로 주목받고 있습니다.

특히 요즘 많이 발생하고 있는 암 등과 같은 질환의 경우 우리 몸의 면역력 저하가 발병 원인이 되기도 합니다. 그런데 알로에의 성분 중에 면역력 증강 작용이 있는 성분이 발견되었고, 또 그 성분을 극대화할 수 있는 재배 농법과 제조 공법이 개발되어 신제품들이 출시되면서 다시금 알로에가 주목받고 있는 것입니다.

연구 결과 알로에의 성분 중 에이스만난이라는 알로에 고유의 다당체가 면역력을 증강시키는 주역으로 밝혀졌습니다. 이 다당체를 면역다당체라 부르는데 분자의 크기에 따라 대, 중, 소로 나눌 수 있습니다. 여러 가지 과학적인 실험 결과 그 중에서도 분자의 크기가 50~200KDa인 중간 크기의 다당체, 즉 중간다당체가 면역력 증강에 특히 효과적인 것으로 밝혀졌습니다. 결론적으로 중간다당체 섭취를 많이 할수록 면역력 강화에 도움이 됩니다.

Q 그렇다면 알로에를 먹어야 할 때는 언제일까요?

A 간단히 말하면 우리 몸의 면역력이 저하되었을 때죠. 면역력 저하의 가장 큰 원인은 노화 · 운동부족 · 영양부족 · 스트레스 등 많은 원인이 있습니다. 현대는 영양부족인 경우는 드물고 영양불균형인 경우가 문제이며, 운동부족이나 노화, 바쁜 생활에서 오는 스트레스는 피하기 어렵습니다. 이런 경우 먹으면 좋은 것이 바로 알로에와 같이 면역 증강 효과가 있는 건강기능식품입니다.

Q 면역증강 효과를 얻으려면 알로에를 얼마나 섭취해야 하나요?

A 알로에의 면역 증강 효과를 제대로 얻기 위해서는 식약처 기준으로는 면역다당체를 1일 100~400mg 정도 섭취해야 한다고 되어 있습니다. 연구에 따르면 면역다당체 섭취량이 1일 300mg 일 때 효과가 극대화된다고 합니다. 알로에를 생초나 일반제품 형태로 섭취해서는 이 정도 유효량의 면역다당체를 섭

취하는 것이 사실상 어렵습니다. 결국 면역다당체가 고농축 함유된 제품을 섭취하는 것이 가장 효과적인 방법이라고 할 수 있습니다.

Interview
전 문 가 에 게 들 다

이종길 교수(충북대 약학대학 제약학과)

충북대학교 약학대학 졸업, 서울대학교 약학대학 석사, 미국 시카고 의과대학 박사.
미국 국립암연구소(NCI)교류학자, 대한면역학회 회장, 대한약학회 부회장으로 일했으며 현재 CAP 5기 운영위원회 위원장으로 일하고 있고, 충북대학교 약학대학 제약학과 교수다.

알로에 면역다당체,
면역력을 증강시킨다

"실험에서 우리는 면역 증강 작용을 하는 물질은 알로에의 여러 성분 중에서도 다당체에 존재한다는 사실을 알아냈습니다. 백혈구 숫자가 현저히 감소한 실험쥐에 알로에 면역다당체를 경구 투여한 결과, 백혈구 생성이 촉진되면서 백혈구 숫자가 정상수준으로 회복되는 결과가 나타났습니다. 이것은 알로에 면역다당체가 면역력 증강에 효과가 있음을 말하는 것입니다. 아울러 면역다당체 함량이 높은 시료에서 더 강력한 면역 증강 효능이 나타나는 것도 알 수 있었습니다."

Q 면역력과 암은 어떤 관계가 있나요?

A 면역력의 저하와 암 발생의 상관관계를 알아보는 통계 조사가 있습니다. 면역력이 떨어지는 경우 정상 면역력을 가졌을 때보다 암에 걸릴 확률이 훨씬 높다는 것을 밝혀낸 조사입니다. 장기 이식수술을 받고 7~15년 동안 면역억제제를 투여 받은 '면역억제제 장기 투여자'와 '후천성 면역 결핍자(에이즈 발병자)'의 발암 비율을 정상인과 비교했습니다. 면역억제제 장기 투여자나 후천성 면역결핍자의 경우 정상인에 비해 당연히 면역세포 수가 부족하겠죠. 따라서 면역력이 낮기 때문에 정상인보다 발암 비율이 높을 것으로 예상됐습니다. 통계 조사 역시 다르지 않았습니다. 암의 종류에 따라 8배에서 최대 3천 6백배 정도 발병률이 증가할 수 있음을 알 수 있었습니다.

Q 알로에가 피부세포에서 면역력 증강기능이 있다고 알고 있습니다.

A 1994년 미국 앤더슨 의대 암 연구소에서는 알로에의 피부 면역력 회복 실험을 했습니다. 자외선으로 인해 면역력이 억제된 피부 세포에 알로에를 처치하자 면역 세포의 수가 증가하는 결과가 나타난 것이죠. 이 실험을 통해 알로에가 피부에서 면역력 증강 효과가 있음이 밝혀졌습니다.

Q 한국에서는 알로에가 가진 면역력에 대해서 어떤 연구가 진행되었는지요?

A 앞서 말한 것과 같은 논문들을 기초로 하여 '알로에 신약 개발(CAP)프로젝트' 연구진은 알로에가 자외선에 의해 손상된 피부 면역력을 회복시키는지 확인하는 실험을 시작했습니다. 실험쥐의 비장에서 분리한 림프구가 얼마나 빨리 증식하는지 알아보는 실험을 통해 면역 증강 작용을 측정하는 한편, 실험쥐 귀에서 분리한 표피세포에 자외선을 쪼인 뒤 억제된 세포의 기능을 회복시키는 정도를 조사하는 방법과 생쥐의 복부 피부에 자외선을 쪼인 후 억제된 피부 면역 기능을 얼마나 회복시키는지를 조사하는 실험을 수행했습니다.

즉 쥐의 표피 피부에 자외선 UVB를 쪼인 후 한 그룹은 그대

로 두고, 한 그룹에는 알로에 추출물을 발라준 뒤 피부에 접촉성 과민반응을 일으키는 물질을 발라서 어떤 상태를 보이는지 조사하는 것입니다. 피부 면역이 정상 상태라면 피부가 부어오르는 면역 반응을 보여야 합니다. 그런데 자외선만 쪼인 그룹은 아무 반응을 보이지 않고, 알로에를 바른 그룹은 피부가 부어오르는 반응을 보였습니다. 피부가 부어오른다는 것은 그만큼 면역력이 회복되었다는 것을 의미하죠. 알로에가 피부의 면역 기능을 회복시킨다는 것을 보여주는 결과입니다. 이 실험에서 면역 증강 작용은 대조군에 비해 5배 이상 증가한 것을 알 수 있었고 자외선에 의해 억제된 세포는 60% 가량 회복된 것을 확인할 수 있었습니다.

Q 알로에의 어떤 성분이 면역력을 증강시키나요?

A 위의 실험에서 우리는 면역 증강 작용을 하는 물질은 알로에의 여러 성분 중에서도 다당체에 존재한다는 사실을 알아냈습니다. 이후에도 알로에 면역다당체의 면역 증진 효과를 검증하는 실험을 계속 진행했습니다. 실험 방법은 항암제를 투여해서 혈액에 있는 면역세포가 심각하게 감소한 생쥐에게 알로에 다당체, 그중에서도 가장 효과가 큰 것으로 밝혀진 중간다당체를 집중적으로 투여한 후 백혈구의 수를 측정하는 방식으로 진

행되었죠. 항암제의 기본적인 작용 기전은 '활발하게 분열하는 세포를 죽이는' 것입니다. 암세포는 일반 세포에 비해 비정상적으로 빨리 크므로 항암제는 그것을 표적으로 하여 암세포를 죽이는 것이죠.

그런데 면역세포 역시 매우 활발하게 생성, 증식하고 활동합니다. 여기에서 문제가 생깁니다. 항암제가 암세포 뿐 아니라 면역세포까지 함께 죽여 버리는 것이죠. 그래서 항암제를 장기 투여한 사람들의 경우 백혈구 수치가 뚝 떨어지고 면역력이 약해지는 부작용이 생기는 것입니다. 항암제의 대표적인 부작용이죠.

실험 결과 우리는 알로에 면역다당체를 투여한 그룹이 그렇지 않은 대조군보다 백혈구의 수가 현저히 증가함을 알 수 있었습니다. 이것은 알로에 면역다당체가 면역력 증가에 효과가 있음을 말해주는 것입니다. 아울러 면역다당체 함량이 높은 시료에서 더 강력한 면역 증강 효능이 나타나는 것도 알 수 있었습니다.

Q 알로에 면역다당체는 어떤 방법으로 면역력을 증강시키나요?

A 항암제를 투여한 생쥐 그룹, 항암제와 알로에 면역다당체를 투여한 생쥐 그룹, 정상 생쥐 그룹, 이 세 그룹의 소장에서

파이어스 패치(Peyer's patch)의 세포를 분리하여 사이토카인이 얼마나 만들어졌는지 비교해 보았습니다. 항암제를 투여하면 사이토카인이 덜 만들어집니다. 그런데 실험 결과 항암제와 알로에 면역다당체를 투여한 그룹에서 여러 종류의 사이토카인이 훨씬 많이 만들어졌음을 알 수 있었습니다. 알로에 면역다당체가 저하된 면역력을 회복시켰음을 알 수 있죠.

또한 대식세포와 수지상세포에도 알로에 면역다당체를 처리하는 실험을 한 결과 이들 세포의 탐식력이 활성화되고, T세포의 분비도 촉진되었으며, 사이토카인의 생성 역시 증가된 것으로 나타났습니다. 이러한 것에서 볼 때 다당체의 면역력 증강 기전은 알로에 안에 특이적으로 존재하는 에이스만난이라고 하는 다당체 분자가 대식세포, 수지상세포와 같은 항원제시세포의 표면에 있는 수용체 분자와 접촉해서 사이토카인의 생산을 증강시키고, 이 사이토카인이 T세포를 활성화시켜 궁극적으로 면역력을 증강시키는 것이라고 할 수 있습니다.

Q 다당체 중에서도 더 효과적인 것이 있나요?

A 알로에 잎에서 다당체를 분리하면 분자량이 1~3 메가달톤(Mega Dalton)으로 매우 큽니다. 분자량이 클수록 우리 몸에 흡수는 안 되죠. 그래서 다당체를 크기별로 대, 중, 소 3종류로 분

리해서 수지상세포 활성화 효력을 비교한 실험 결과, 중간 크기의 다당체가 가장 우수하다는 것을 알아냈습니다. 중간다당체가 면역을 증강시키는 데 가장 효과적인 상태라는 거죠. 결론적으로 알로에 다당체는 중간 크기일수록 더 강력한 면역 증강 효과를 나타낸다고 할 수 있습니다.

Q 면역세포를 활성화시키는 면역다당체는 알로에에만 있나요?

A 그렇지는 않습니다. 다당체는 인삼, 버섯 등 다른 천연 물질에도 많이 들어있는 물질입니다. 다만 각 다당체들 사이에는 효능의 차이가 있습니다. 같은 버섯 다당체라 해도 상황버섯의 다당체와 느타리버섯의 다당체의 효과가 다르지 않습니까? 그처럼 다당체마다 효과가 다른데 그 이유는 분자의 크기, 결합력, 만노오스의 함유량과 흡수력 등에서 차이가 나기 때문입니다. 수용체와 결합한다고 해서 활성 작용이 다 똑같이 일어나는 것도 아니죠.

그런데 알로에 면역다당체의 경우 몇 가지 차별화된 특징이 있습니다. 우선 면역력 증강의 주역인 에이스만난 다당체는 알로에에만 있는 고유의 다당체입니다. 에이스만난의 면역 증강 효능은 이미 언급한 대로 여러 가지 실험을 통해 과학적으로 입증된 상태입니다. 또한 중간다당체 형태가 가능하다는 점도 다

른 다당체들과 차별이 됩니다.

Q '알로에 면역다당체가 대장암 발생을 억제한다'는 동물실험
을 하고 있는 것으로 압니다.

A 현재 우리 연구팀이 진행하고 있는 실험으로, 아직 기전까
지 완전하게 밝혀지지는 않았지만 알로에 면역다당체가 대장
암 발생을 억제하는 기능을 가지고 있다는 것을 확인하고 있는
중입니다. 실험용 쥐에 암 유발 화학 물질을 주사하고, 장을 자
극해서 염증을 일으키는 물질 DSS를 투여한 후 14~15주 경과
하면 대장암이 발생합니다. 대장 내에 수많은 용종이 생긴 것을
볼 수 있죠. 이렇게 대장암을 유발시킨 실험용 쥐에게 알로에
면역다당체를 투여했더니 용종의 발생이 훨씬 줄어드는 것으로
나타났습니다.

암은 면역력 저하와
어떤 관련이 있나?

암은 왜 생길까? 암은 인체를 구성하는 정상적인 세포가 돌연변이를 일으켜 암세포로 바뀌면서 생긴다. 암을 발암물질에 노출, 유전적 특성, 바이러스 감염, 스트레스 등에 의해 발병하는 것으로 알려져 있다. 실제로 암세포는 언제든지 생겨날 수 있다. 핵심은 암세포를 미리 제거할 수 있는 저항력을 기르는 데 있다. 저항력은 림프구에 있다. 림프구가 우리 몸 구석구석 다니며 암세포를 비롯한 여러 가지 이물질의 공격을 막아내는 것이다. 이 림프구가 하는 일을 면역력이라 부른다.

우리의 몸은 질병에 대항할 수 있는 면역체계를 갖고 있다. 그런데 지나친 스트레스나 영양 불균형, 운동 부족 등에 의해 몸의 균형이 깨지면 면역력이 저하되고 질병에 쉽게 노출된다. 균형을 유지하는 것, 이것이 핵심이며 이 핵심을 지탱하는 것은 면역력이다. 암 또한 신체의 균형이 무너진 것이라고 본다면 면역력을 유지하는 것이 암예방의 첫걸음임을 알 수 있다.

이종길 교수가 인터뷰에서 간략하게 설명(82쪽)한 것처럼 암과 면역력과의 상관관계는 통계조사를 통해 밝혀졌다. 그 조사에 대해 좀 더 자세히 설명하면 다음과 같다.

장기 이식수술을 받은 후 면역억제제를 7~15년 동안 투여받은 '면역억제제 장기 투여자'와 '후천성 면역 결핍자(에이즈 발병자)'의 발암비율을 정상인과 비교해 봤다. 면역력의 저하와 암 발생 사이에 어떤 관련이 있는 지를 알아보는 통계조사라고 할 수 있다. 조사 결과 고형암의 한 종류인 카포시 육종 발암 비율의 경우 정상인에 비해 면역억제제 장기 투여자가 208배 높게 나왔고, 후천성 면역결핍자의 경우 발암비율이 3,649배 증가했다. 또한 혈액암의 한 종류인 비호지킨 림프종은 면역억제제 장기 투여자의 발암비율이 정상인 대비 8배 증가했고, 후천성 면역결핍자의 경우 77배 증가했다(도표6 참조).

결론적으로 이 조사에서처럼 장기이식으로 인한 면역억제제 투여나 후천성면역결핍 등의 질병 때문에 면역력이 떨어지는 경우 정상 면역력을 가진 경우보다 암에 걸릴 확률이 8배에서 최대 3천 6백배 정도 높음을 알 수 있다.

도표6 면역력 저하와 암 발생 상관관계

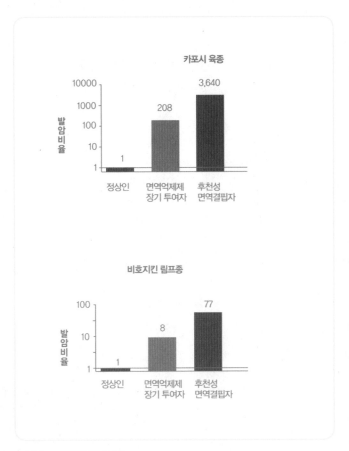

출처 〈Lancet 2007, 370:59-67〉

도표7 알로에 면역다당체 경구 투여에 의한 백혈구 생성 효능 비교 실험

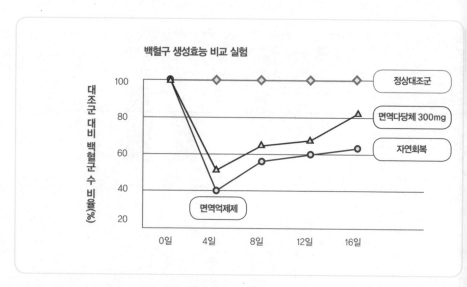

백혈구 생성효능 비교 실험

대조군 대비 백혈구 수 비율(%)

정상대조군

면역다당체 300mg

자연회복

면역억제제

0일   4일   8일   12일   16일

출처 〈알로에 면역연구 I : 경구투여에 의한 면역회복 효능, 이종길〉

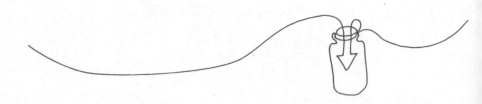

알로에 면역다당체, 암 환자 면역력을 높인다

우리 몸에서 세포가 돌연변이를 일으키더라도 바로 암으로 발전하지 않는 이유는, 이런 돌연변이 세포를 가려내서 없애는 면역체계가 작동하고 있기 때문이다. 면역력이 암을 억제하고, 면역력이 떨어지면 암 발병요인은 큰 폭으로 증가한다. 암은 자기 몸의 세포가 변형되어 생기는 것이기 때문에, 그만큼 면역체계의 저항을 덜 받아 초기에는 자각 증세가 거의 없다. 증상을 통해 초기에 발견하는 것이 쉽지 않다.

면역력의 핵심은 백혈구의 구성요소의 하나인 T세포에 있다. T세포는 돌연변이 세포를 찾아내서 없앤다.

이종길 교수가 인터뷰(87쪽)에서 밝힌 것처럼 알로에 성분 중에서 다당류는 우리 몸의 면역체계인 T세포 및 대식세포를 활성화시키는 것으로 밝혀졌다. 특히 알로에에만 있는 고유의 '에이스만난' 성분이 항암제 투여로 인해 저하된 혈중 백혈구의 수를 현저히 증강시키는 것으로 나타났다(도표7 참조). 실험결과를 보면 항암제 투여로 저하된 백혈구수가 면역다당체를 투여했을 경우 현저하게 높아짐을 알 수 있다. 백혈구 수가 증가하면 T세포가 증가하는 것이고 면역력 증강으로 이어진다고 볼 수 있다.

알로에 면역다당체, 대장암 발생을 억제한다는 연구도 진행 중

대장암은 결장 혹은 직장에 생기는 악성종양으로 연령에 비례하여 발생하는 경향이 있다고 알려져 있다. 주로 50세 이상의 연령에서 발생률이 증가한다. 육류 및 육가공품의 섭취 증가, 섬유소 섭취 부족, 비만, 음주 또는 가족력 등이 원인으로 알려져 있다.

대장암 초기에는 대부분 아무런 증상이 없으며 증상이 나타난 경우에는 이미 상당히 진행된 경우가 많다. 대장암의 주된 증상으로는 배변 습관의 변화, 설사, 변비, 배변 후 변이 남은 느낌, 혈변 또는 점액변, 복통, 복부팽만, 피로감, 식욕부진, 소화불량 등이다. 가장 주의해야 할 증상으로는 배변 습관의 변화, 혈변, 빈혈 등이다.

국가 암 검진 프로그램은 만 50세 이상이면 1년 간격으로 변에 피가 묻어나오는지 여부를 살펴보는 반응검사를 하고, 이상 소견이 있을 경우 대장 내시경검사 또는 대장 이중조영검사를 하도록 권장하고 있다. 또한 대장암 검진 권고안에 따르면 50세 이상이면 5~10년마다 대장내시경 검사 또는 대장 이중조영검사를 할 것을 권한다.

이종길 교수가 인터뷰(90쪽)에서 밝힌 것처럼, 이 교수 팀은 최근 알로에 다당체의 면역 기능이 대장암 발생을 억제한다는 사실을 밝히는 연구를 진행하고 있다. 이를 도표와 함께 좀 더 자세하게 설명하면 다음과 같다.

실험용 쥐에 암 유발 화학 물질을 주사하고, 장을 자극해서 염증을 일으키는 물질인 DSS를 투여한 후 14~15주 경과하면 대장암이 발생한다. 대장암을 유발시킨 실험용 쥐에게 알로에 면역다당체를 투여한 결과 용종의 발생이 훨씬 줄어드는 것으로 나타났다(도표8,9 참조).

도표8 알로에 면역다당체 경구 투여에 의한 대장암 억제 효능

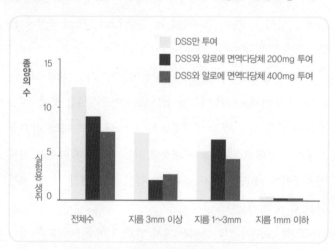

출처 〈알로에 면역연구Ⅱ : 경구투여에 의한 대장암 억제 동물 실험, 이종길〉

도표9 **알로에 면역다당체를 투여했을 때, 대장내 종양의 변화추이**

그룹	처치	대장			대장내 종양
		무게(g)	길이(cm)	무게/길이 비율	발생 정도
1	처치 안함	0.28	8.25	0.0339	0
2	DSS만 투여	0.54	9.13	0.0591	100%
3	알로에 면역다당체 200mg 투여	0.35	9.14	0.0382	91%
4	알로에 면역다당체 400mg 투여	0.37	9.15	0.0404	83%

출처 〈알로에 면역연구II : 경구투여에 의한 대장암 억제 동물 실험, 이종길〉

Interview

전 문 가 에 게   듣 다

송욱 교수(서울대 사범대학 체육교육과)

서울대학교 분자생물학과 졸업, 서울대학교 체
육교육과 석사, 미국 텍사스주립대학 운동생리
학 박사.
미국 텍사스주립의대 노화장수 연구소에서 박
사후 과정을 했으며, 듀크대학 의대 Center for
Living에서 방문교수로 일했다.
현재 서울대학교 노화고령사회연구소 운영위원,
아시아스포츠과학회 상임이사, 미국스포츠의학
회 정회원이다. 서울대학교 사범대학 체육교육
과 교수로 일하고 있다.

알로에 면역다당체,
체지방 감소시킨다

"비만은 온몸이 만성 염증 상태인 질병으로 봐야 합니다. 비만인 사람은 당뇨병, 고혈압, 심장병, 암, 관절염 등을 함께 앓고 있는 경우가 많고, 비록 당장 특별한 증상이 없더라도 심각한 질병이 언제 찾아올지 모르는 아슬아슬한 예비 질병의 상태죠. 정기적인 운동으로 면역 기능을 개선, 증강시키면 비만도 해소되고, 질병의 예방에도 도움이 됩니다. 실험 결과, 운동을 하면서 알로에 다당체를 섭취할 경우 체지방 감소에 더 효과적인 것으로 나타났습니다."

Q 비만은 질병과 어떤 관계가 있나요?

A 비만은 단순히 살이 쪄서 보기에 좋지 않다는 차원의 문제가 아닙니다. 이제는 일종의 질환이라고 인식하고 있죠. 비만인 사람은 그렇지 않은 사람들에 비해 당뇨, 고혈압, 심혈관질환 등 성인병에 걸릴 위험이 더 높습니다. 비만인 사람들의 특징은 지방세포 수도 많고 지방세포 사이즈도 큽니다. 지방세포가 체지방을 많이 함유해 비만해지면 이를 견디지 못한 지방세포가 염증을 일으키게 됩니다. 또 비대해진 지방세포의 일부는 사멸 과정을 거치는데 이때 혈액 속의 대식세포와 같은 면역세포들이 이들을 처리하는 과정에서 또 염증촉발 물질을 분비하게 되어 염증반응이 더 악화됩니다. 결국 비만이 되면 몸 전반에서 염증 반응이 상승하게 되죠. 이로 인해 다양한 질병들을 일으키

게 되는 것입니다.

Q 체지방을 제대로 없애려면 어떻게 해야 하나요?

A 유산소운동을 해야 합니다. 흔히 체지방을 태운다고도 말하는데 우리 몸속의 체지방을 에너지원으로 사용해서 연소시켜 없앤다는 뜻이죠. 그러기 위해서는 유산소운동이 효과적입니다. 흔히 달리기, 수영, 자전거 등의 운동을 떠올리는데 무엇보다 중요한 것은 어떤 운동이든지 숨이 가쁠 정도는 되어야 하고 즐길 수 있어야 합니다. 또한 이에 못지않게 근력운동도 중요합니다. 근력운동은 기초대사량을 늘리고 복부지방을 개선하는 데 상당한 효과가 있는 것으로 나타났습니다. 따라서 건강을 위해서는 유산소운동과 근력운동을 같이 하는 게 좋습니다.

Q 운동과 면역은 어떤 관계가 있나요?

A 운동과 면역은 떼어 놓을 수 없는 밀접한 관계가 있습니다. 운동이 면역 기능을 개선시키고 증가시킨다는 것은 이미 과학적으로 입증되었죠. '운동 면역학'에서는 운동이 어떤 기전을 통해서 면역력을 좋게 하는지, 또 이 기전에는 어떤 물질이 관여하는지 등을 광범위한 연구를 통해 밝혀내고 있습니다.

운동, 특히 1회성의 강도 높은 운동은 우리 몸에 스트레스로

작용합니다. 하지만 일주일에 두 번, 세 번 규칙적으로 운동을 하게 되면 세포와, 유전자까지 적응되어 변화가 일어나죠. 산화적인 스트레스를 막아주는 항산화 효소 시스템이 더 좋아집니다. 사람은 적응의 동물이므로 세포, 조직, 기관까지 모두 적응해나가는 것이죠. 면역체계도 마찬가지입니다.

Q 운동을 하면 면역력이 좋아지나요?

A 물론입니다. 한 번의 운동은 처음에는 면역체계에 부담이 되지만 꾸준한 운동으로 몸이 바뀌고 우리 몸에서 기전적인 변화가 일어나면 면역 기능이 오히려 향상되는 것을 볼 수 있습니다. 예를 들어 인터루킨-6 같은 물질은 원래는 염증성 물질로 알려져 있죠. 몸속에 이것이 많아지면 심장병이나 여러 가지 면역 관련 질환, 암 등을 일으킵니다. 그런데 운동을 하고난 후 측정해 보면 이 물질이 100배로 증가해 있습니다. 그렇다면 운동은 몸에 치명적으로 해로운 것 아닌가 생각하기 쉽죠. 그런데 꾸준히 운동을 한 사람의 경우 인터루킨-6가 염증성 인자가 아니라 오히려 항염증성 인자로 작용해서 증가된 수치만큼 면역 기능을 향상시키는 것으로 밝혀졌습니다.

운동의 효과를 면역 관점에서 보자면 운동은 염증을 막아주고, 제어해 주고, 이겨낼 수 있게 도와주는 항염증반응을 일으키는 것입니다. 정기적인 운동은 암, 고혈압, 심혈관계 질환, 당뇨병, 대사증후군 등 다양한 질병의 발병 위험을 줄이고, 질병에 의한 사망률을 낮추며, 삶의 질을 높여주죠. 그래서 운동을 '현대인의 만성질환을 치료하는 약'으로 보는 것이 세계적인 경향입니다.

Q 그런데 운동이 면역력을 떨어뜨리기도 하나요?

A 그렇습니다. 너무 과도한 운동은 오히려 면역력을 떨어뜨리기도 합니다. 평소 운동을 잘 하지 않던 사람이 갑자기 과도한 운동을 하면, 운동 후 면역력이 크게 떨어져서 몸살을 앓거나 감기에 걸리는 경우가 있습니다. 또한 과도한 운동은 몸속에 다량의 활성산소를 발생시켜서 세포를 파괴합니다. 따라서 내 몸의 컨디션에 맞는 적절한 강도의 운동을 꾸준히 하는 것이 중요합니다.

Q 운동이 면역력을 증강시킨다면, 운동과 알로에의 면역 증강 효능은 어떤 관계가 있을까요?

A '알로에 신약개발(CAP)프로젝트' 연구진이 세포실험, 동물실험, 인체실험을 통해 알로에가 인체의 면역에 미치는 영향을 이미 밝혀냈지요. 그 결과를 보니 운동의 기전과 거의 흡사했습

니다. 유리지방산의 산화를 돕는다든지, 당의 흡수를 돕고 해당 작용을 더 증진시킨다든지 혈관을 다시 강하게 만든다든지, 우리 몸의 에너지 센서를 활성화시킨다든지 하는 작용들이 운동의 효과와 같았습니다.

이런 데이터를 보면서 그렇다면 운동을 하면서 알로에를 섭취한다면 비만과 당 조절, 인슐린저항성을 개선하는 데 훨씬 더 효과가 있지 않을까 하는 생각이 들었죠. 그래서 알로에 다당체 섭취와 운동과의 시너지 효과를 알아보는 실험을 했습니다.

Q 운동과 알로에 면역다당체의 시너지 효과를 알아본 실험 결과는 어떻게 나타났나요?

A 실험은 40~50대의 비만한 중년 여성 40명을 두 그룹으로 나누어 한 그룹은 운동과 함께 알로에 다당체가 함유된 알로에 건강기능식품을 복용하게 했고, 또 한 그룹은 운동만 하게 하여 4주 동안 진행했습니다. 운동은 주 3회 1시간씩 근력 운동과 유산소운동, 순환운동 등을 실시했습니다.

4주 후 결과를 보니 두 그룹 모두 체중 감소 및 신체질량지수, 체지방의 양 등이 감소하였음을 알 수 있었습니다. 그런데 알로에 복용 그룹이 대조군에 비해서 체지방량이 2.4% 더 감소한 것으로 나타났습니다. 여기서 더 의미 있는 것은 수치의 차이 뿐만 아니라 참여자 전원의 체지방이 감소하였다는 점입니다. 운동만 한 그룹에서는 체지방량이 전혀 감소하지 않은 사람도 있었죠. 또 운동과 함께 알로에제품을 복용한 그룹은 뱃살의 주범이 되는 중성지방이 평균 23.7% 감소한 것으로 나타났습니다.

중성지방은 우리 몸을 움직이기 위해 꼭 필요한 에너지원이긴 하지만 서구화된 식습관으로 인해서 필요 이상으로 쌓이는 것이 문제죠. 중성지방이 몸에 쌓이면 살이 찌는 것은 물론이고 성인병의 발병률도 높아집니다.

이처럼 4주라는 짧은 기간임에도 체지방량과 중성지방이 실질적으로 감소하였으므로 8주 혹은 12주 정도로 장기 진행되었다면 더욱 분명한 결과가 도출되었을 것입니다.

Q 면역력을 높이기 위해서 운동을 얼마나, 어느 정도 해야 할까요?

A 운동 강도를 설정할 때는 숨이 차다, 힘들다, 땀이 난다 등 본인의 느낌에 의존할 수 있습니다. 이를 '자각인지도'라고 하는데 이것도 어느 정도 정확한 기준이 됩니다. 그런데 이것을 그대로 우리 몸이 반영해서 보여 주는 척도가 심장의 박동수(일명 심박수)입니다. 온도가 높고 습하면 똑같은 운동을 해도 심박수

가 많이 올라가죠. 어제와 같은 운동이더라도 오늘의 날씨 때문에 달라진 것입니다. 따라서 심박수에 맞춰 운동을 하면 비슷한 강도의 운동을 늘 할 수 있습니다.

심박수를 이용하는 방법으로는 본인의 최대심박수를 측정해서 사용하는데, 간단한 방법은 220에서 자기 나이를 뺀 수치를 최대심박수로 보면 됩니다. 즉 이론적으로 가장 높게 오를 수 있는 심박수를 220으로 가정하고, 거기서 자신의 나이를 뺀 수치가 본인의 최대 심박수인 거죠. 40세의 남자라면 220에서 40을 뺀 180입니다.

운동을 처음 할 때는 목표 심박수를 자신의 최대 심박수의 50~60% 정도인 중강도 운동으로 시작하고, 심폐지구력을 더 적극적으로 키우려면 70~80%까지 이르도록 하면 됩니다. 다만 고혈압이나 심혈관질환이 있는 사람은 약물 복용으로 정확한 심박수 계산이 곤란하므로 이렇게 산출해서는 안 됩니다. 운동의 강도를 결정할 때는 개인의 체력 수준뿐 아니라 만성 질환, 약물 복용 여부를 고려해야 합니다. 심박수는 자신의 맥박을 재보면 알 수 있습니다. 운동 중 손목에서 15초간 맥박을 측정하고 여기에 4를 곱한 수치가 1분간의 심박수입니다. 요즘에는 심박수 측정기를 이용해서 운동 강도를 조절하는 사람들도 늘고 있습니다.

Q 생활 속에서 운동 효과를 얻을 수 있는 방법은 어떤 것이 있을까요?

A 고혈압, 당뇨, 고지혈증 등 대사증후군의 위험이 있는 중년은 반드시 운동을 해야 합니다. 도저히 따로 시간을 낼 수 없다면 생활 속에서라도 최대한 운동 효과를 찾도록 신체활동을 늘려야 합니다. 굳이 운동이란 형태를 취하지 않아도 맨손체조, 스트레칭, 가사 활동 등 어떤 형태의 신체 움직임이라도 면역력 증강에는 도움이 됩니다.

차만 안 가지고 다녀도 많이 걷게 됩니다. 지하철이나 버스를 탈 때도 목적지보다 한 정거장 먼저 내려서 걷는 것도 좋지요. 엘리베이터 대신 계단을 이용하고요. 되도록 많이 움직이는 것, 이것이 중요합니다. 평소 생활 자체를 운동이 되도록 하는 게 필요합니다.

Bill Lee

살과 전쟁을 치르는 중년들

나잇살이 생기는 이유

헬스클럽마다 살과 전쟁을 치르는 중년들이 넘쳐난다. 우리나라에는 서양인처럼 고도비만은 드물다. 보기에는 별 문제 없어 보인다. 그런데 진짜 문제는 복부비만이다. 뱃살, 군살, 나잇살 등으로 불리는 복부비만은 대사증후군을 일으키는 요인 중의 하나다.

비만은 유전적인 요인뿐 아니라 생활습관에서 시작되는 경우가 많다. 좋지 않은 식습관과 음주, 운동 부족, 스트레스 등이 비만을 만든다. 특히 복부비만은 여러 가지 요인이 있지만 나이가 들면 생기기도 한다. 나잇살이 붙었다는 것은 대부분 복부비만을 말한다. 나이가 들면 기본적으로 근육이 약해지고 기초대사량이 감소해 젊을 때보다 더 쉽게 살이 찐다. 게다가 탄수화

물이나 지방을 많이 섭취하고 운동량까지 부족하니 살은 더 쉽게 찐다. 중년이 되면 체내의 신진대사율이 떨어지기 때문에 젊었을 때보다 적게 먹어야 젊었을 때의 몸무게를 유지할 수 있다.

갱년기 여성은 호르몬 변화 때문에 살이 찌기도 한다. 여성호르몬은 주로 난소에서 만들어지는데 젊은 여성은 호르몬의 작용에 의해 주로 상체보다는 둔부와 허벅지 등 하체에 피하지방이 쌓인다. 그런데 갱년기에 가까워지면서 여성호르몬 분비가 줄어들고, 이 때 생기는 지방은 대개 배 주변과 상체에 집중된다. 중년 이후 여성들의 경우 과식이나 운동부족 뿐 만 아니라 호르몬의 영향으로도 살이 찐다.

남성들은 대부분 운동량이 줄고, 음주나 야식의 빈도가 늘면서 살이 찌는 경우가 많다. 물론 남성들도 나이가 들어가면서 기초대사량이 점점 떨어지고 근육량도 줄어든다. 부신호르몬의 분비량이 줄기도 하고, 특히 남성호르몬이 감소하면서 갱년기가 시작되기도 한다. 남성의 나잇살은 근육이 약화되면서 팔다리가 가늘어지고, 복부의 내장지방이 늘어나는 양상을 보인다.

체지방 비율이 높으면 비만이다

비만인 사람은 당뇨병, 고혈압, 심장병, 암, 관절염 등을 함께 앓고 있는 경우가 많고, 당장 특별한 증상이 없더라도 언제 질병이 찾아올지 모르는, 질병 예비상태로 보기도 한다.

그런데 무조건 체중이 많이 나간다고 해서 비만은 아니다. 비만인 경우 일반적으로 체중이 많이 나가지만 근육이 많은 사람도 체중이 많이 나갈 수 있기 때문에 체내에 지방조직이 과다한 상태를 비만으로 정의한다. 체중이 그다지 많이 나가지 않더라도 몸의 구성 성분 중 체지방 비율이 높은 것도 비만이다. 이것을 '마른 비만'이라고 하는데 체중 자체는 정상 범위에 있거나 오히려 약간 부족하더라도, 지방이 차지하는 비율이 높은 경우를 말한다. 이런 경우 본인은 비만이 아니라고 생각하기 때문에 오히려 비만으로 인한 합병증에 노출될 위험이 더 높아질 수도 있다.

비만은 온몸이 염증상태라고 할 수 있다

비만에 대한 다양한 의학적 정의가 있지만 비만을 질병의 하나로 보는 시각도 있다. 살이 찐 사람은 지방세포의 수도 많고 지방세포의 크기도 큰 것으로 나타났다. 지방세포의 역할 중에 밝혀진 중요한 것 중의 하나가 염증과의 연관성이다. 지방세포가 체지방을 많이 함유해 비대해지면, 이를 견디지 못한 지방세포에 문제가 일어나게 된다. 지방세포는 다양한 염증 촉발 물질을 분비하기도 하고, 비대해진 지방세포의 일부가 사멸과정을 거쳐 죽었을 때 이들을 처리하는 과정에서 또 다른 염증반응이 일어나기도 한다. 또 혈액 속의 대식세포들이 죽은 지방 세포들을 처리하는 과정에서 염증세포들이 염증 촉발 물질들을 분비하게 되어 체내 염증 반응이 더욱 악화된다. 비만일 때 염증 반응이 상승하게 되는 과정이다. 우리 몸에서 만성 염증이 조금씩 반복되는 경우를 '저강도의 만성염증' 상태라고 하는데 비만이 대표적인 경우다. 이런 관점에서 보면 비만은 온몸이 염증상태라고 볼 수 있는 것이다.

비만한 사람들은 염증을 촉진하는 물질을 보통 사람들보다 2~3배 정도 많이 분비한다. 이로 인해 우리 몸의 염증 반응이 상승하면 특히 혈관 벽에 염증을 일으켜 동맥경화가 악화되고, 여러 장기에 인슐린 저항성을 유발해 협심증, 심근경색증 등 심혈관질환의 위험을 높인다. 게다가 만약 암에 걸린 상태라면 암세포를 증식시키는 역할도 하고 암이 다른 장기로 전이되는 것을 도와주는 역할도 한다.

알로에 면역다당체가 체지방을 줄인다

알로에 면역다당체가 비만을 예방하고, 이미 비만인 경우 증세 개선에 효과적이란 사실을 밝힌 연구가 있다. 캡(CAP)프로젝트의 일환으로 삼육대 김경제 교수팀이 한 'QDMC(알로에 면역다당체 복합물)의 인슐린 저항성 개선 효능 및 기전 연구 실험'이다. 이 실험에서 김 교수팀은 비만 쥐에게 알로에 면역다당체를 투여한 결과 체지방 세포의 수와 크기가 감소하고, 체지방 혈중 중성지질과 간의 중성지질 생성도 억제시킨다고 밝히고 있다. 또한 지방세포에서 분비되는 호르몬인 렙틴과 아디포넥틴 등의 분비를 조절해서 비만과 관련된 질환을 예방, 치료하는 효과도 있다고 실험은 말하고 있다.

서울대 조비룡 교수팀은 임상 실험으로 이 같은 사실을 입증했다. 비만한 사람들 중 당뇨병을 일으킬 수 있는 인자를 갖고 있지만 아직 치료를 받고 있지 않은, 당뇨병 전기 상태의 성인을 대상으로 알로에 면역다당체를 투여했더니 더 이상 당뇨병으로 진전되지 않을 뿐 아니라 체지방도 감소한 것으로 나타난 것이다.

또한 서울대학교 송욱 교수팀은 '알로에 다당체 함유 복합물 섭취와 운동의 체지방 개선에 대한 시너지 효과 실험' 결과 알로에가 운동과의 시너지를 통해 중년 여성의 체지방 감소에도

도표10 알로에 다당체 섭취군의 운동 효과

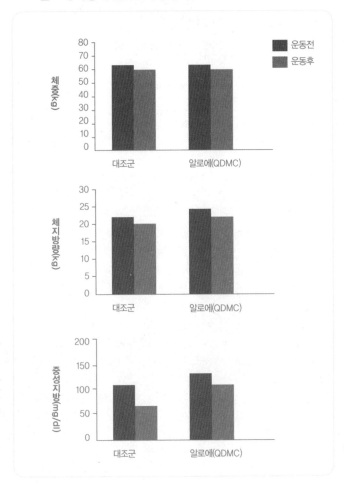

출처 〈알로에 다당체 함유 복합물 섭취와 운동의 체지방 개선에 대한 시너지 효과 실험, 송욱〉

생체대사능력 저하에 대한 진단 기준

국민건강보험공단에서 지정한 한국인의 대사증후군 진단 기준은 아래 5가지 중 3가지 이상
에 해당할 때 대사증후군으로 진단한다.

1. **허리둘레** : 남자 허리둘레 90cm이상 여자 85cm이상
2. **중성지방** : 수치가 150mg/dl
3. **혈압** : 수축기혈압 130mmHg, 이완기혈압 85mmHg 이상이거나 고혈압 약을 먹는 경우
4. **혈당** : 공복혈당으로 100mg/dl 또는 당뇨병 관련 약을 먹는 경우
5. **고밀도 콜레스테롤(HDL)** : 남자 40mg/dl 이하, 여성은 50/dl 미만 또는 고지혈증 관련 약
을 먹는 경우

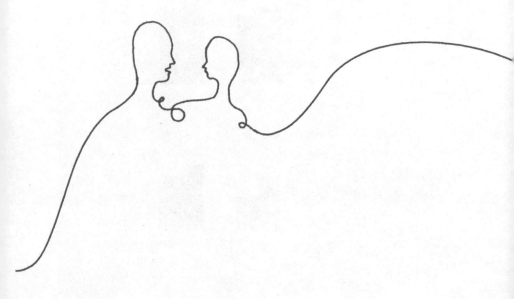

효과적임을 알아냈다. 운동을 하면서 알로에 면역다당체를 복용한 경우 운동만 한 그룹에 비해 체중, 체지방량, 중성지방이 더 많이 감소되는 것으로 나타났다.

Interview
전 문 가 에 게 듣 다

김경제 교수(삼육대 약학대학 학장)

삼육대학교 약학대학 약학과 졸업, 서울
대학교 약학대학 석사, 필라델피아대학
교 약학대학 박사.
미국 암연구소 연구원으로 일했으며, 미
국 Sidney Kimmel 암센터와 미국 라
호야 알레르기와 감염질병 연구소(LIAI)
에서 방문연구교수로 일했다. 현재 대한
면역학회 편집부위원장으로 일하고 있
다. 삼육대학교 약학대학 학장이다.

알로에 면역다당체,
당뇨 증세 개선

"고지방 식이로 살을 찌워 인슐린저항성을 유발하고 당뇨병에 걸리게 한 실험용 쥐에게 장기간 알로에 면역다당체를 투여한 결과 인슐린저항성이 정상 수준으로 회복된 것을 알 수 있었습니다. 또한 혈중 중성지질 생성과 간의 중성지질 생성도 억제시키는 것으로 나타났고 지방의 크기를 정상군만큼 줄여주는 것도 확인했습니다. 알로에가 체지방을 줄여 비만이 되지 않게 예방하거나 이미 비만인 경우 체지방을 감소시켜서 당뇨 증세의 개선에 효과적인 영향을 미치고 있다는 사실이 입증된 것이죠. 유사한 실험을 인체를 대상으로 했을 때도 같은 결과가 나왔습니다."

Q 면역과 당뇨병 사이에는 어떤 관계가 있나요?

A 면역과 당뇨가 어떻게 연결이 될 수 있을까요? 당뇨병 환자들은 대부분 면역력이 낮습니다. 지방세포들이 염증반응을 일으키는 물질들을 많이 만들어내기 때문입니다. 지방세포 사이사이에 염증세포가 끼어있는 게 현미경으로 보이는데 그것을 '크라운 셀'이라고 합니다. 알로에 면역다당체를 복용하면 크라운 셀들과 지방세포들이 줄어드는 것을 알 수 있죠. 그러면서 염증반응이 줄어들고 체지방이 줄어들면서 당뇨 증세가 개선되는 것입니다.

10년 전만 해도 당뇨병과 비만을 연결시키지 못했습니다. 그런데 대부분의 비만 환자가 당뇨병 환자인 것을 보고 비만인 사람들이 당뇨병을 일으키는 인자를 많이 갖고 있는 것을 알아냈고, 그 주제로 많은 연구논문들이 발표되었습니다. 이제는 너무도 당연한 사실로 인정되고 있죠.

면역력이 떨어지는 사람들은 대개 지병이 있습니다. 그 중의 하나가 바로 당뇨병이죠. 저소득층 지역이나 도서 지역 등에 의료 봉사를 가보면 당뇨병, 고혈압, 관절염 이 세 가지 질병을 공통적으로 가지고 있는 것을 볼 수 있습니다. 평소 건강관리를 제대로 하지 못하다 보니 이런 질병들이 생기는 거죠.

현대인의 건강을 위협하는 질병들은 어느 한 가지만 생기기보다는 서로 연관되어 동시에 발병하는 경우가 많습니다. 당뇨병, 고혈압, 관절염 이 세 가지 질병은 전혀 관계없어 보이지만 한 가지 공통점을 갖고 있어요. 그것은 '비만'입니다. 이런 질병을 앓고 있는 사람들을 보면 대부분 비만 상태입니다. 비만인 사람은 관절염이 생길 확률이 높고, 관절염에 걸리면 염증 반응이 일어나므로 혈관 벽이 깨끗할 리 없고, 콜레스테롤이 쌓여 혈관이 좁아지니까 동맥경화증이 생기는 것입니다. 동맥경화증은 고혈압 증세를 불러오고요. 결국 '비만'이라는 한 가지 원인으로 이러한 다양한 질병들이 동시다발적으로 발생하는 것입니다.

그림2 비만이 2형 당뇨를 유발하는 경로

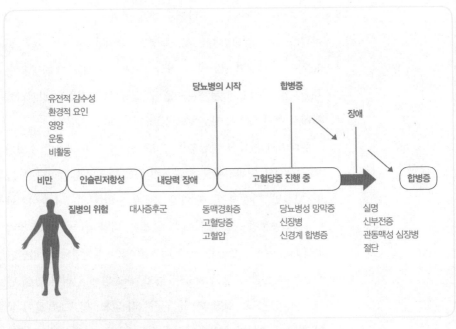

출처 〈웹미디어 unmc〉

인슐린저항성

혈당을 낮추는 인슐린의 기능이 떨어져 세포가 포도당을 효과적으로 연소하지 못하는 것을 말한다. 인슐린저항성은 증상이 없어 우리가 느끼지 못한다. 하지만 인슐린저항성이 지속될 경우, 인체는 너무 많은 인슐린을 만들어 내고 이로 인해 여러 가지 질병이 시작된다. 인슐린저항성을 일으키는 주요 원인이 비만이기 때문에 비만과 관련이 많은 질병, 당뇨병, 고지혈증, 심혈관질환, 심지어 암까지도 일으킬 수 있다. 인슐린저항성을 가지고 있는지 유추해보려면 복부 비만과 대사증후군을 점검해 보면 된다. 건강검진에서 복부비만으로 진단되거나 혈당이 높거나 중성지방이 높은 등의 대사증후군으로 판정되면 인슐린저항성이 어느 정도 진행된 것으로 볼 수 있다.

Q 그렇다면 비만과 당뇨병의 관계가 매우 밀접하네요?

A 비만은 몸 전체가 염증반응에 잘 노출되어 있다고 볼 수 있습니다. 비만한 사람들의 특징은 지방세포 수도 많고 지방세포의 사이즈도 크지요. 우리 몸이 비만이거나 운동 부족이 되면 혈당을 조절하는 호르몬인 인슐린이 간, 근육, 지방 조직에서 제 기능을 못하게 됩니다. 이것을 인슐린저항성이라고 합니다. 인슐린저항성이 생기면 혈당이 상승하게 되고 결국 당뇨병에 걸리게 됩니다.

그런데 인슐린저항성을 일으키는 주요 원인이 바로 비만입니다. 때문에 비만과 관련된 많은 병들, 곧 당뇨병, 고지혈증, 심혈관질환 심지어 암까지도 결국 인슐린저항성에서 비롯된다고 볼 수 있습니다. 그래서 비만을 이제 질병으로 보고 있습니다. 비록 당장 특별한 증상이 없더라도 곧 당뇨병, 고혈압, 뇌졸중, 심장병, 암, 퇴행성 관절염, 골다공증 등 심각한 질병의 예고편이죠. 비만이 증가하면 2형 당뇨 발병률도 함께 증가하는 통계도 나와 있습니다(그림2 참조).

Q 인슐린저항성을 개선하는 데 알로에가 효과적인가요?

A 실험용 쥐에게 고지방식을 일정기간 투여해 살을 찌우면 자연스럽게 인슐린저항성과 함께 당뇨질환증세가 확인됩니다. 이 실험용 쥐에게 장기간 알로에 면역다당체를 투여한 결과 인슐린저항성이 정상 수준으로 회복된 것으로 나타났습니다. 우리 연구팀이 캡(CAP)프로젝트의 일환으로 진행한 'QDMC(알로에 면역다당체 복합물)의 인슐린저항성 개선 효능 및 기전 연구 실험'에서 나타난 결과입니다. 또한 혈중 중성지질 생성과 간의 중성지질 생성도 억제시키는 것으로 나타났고 지방의 크기를 정상군만큼 줄여주는 것을 확인했습니다.

알로에가 체지방을 줄여 비만이 되지 않게 예방하거나 이미 비만인 경우 체지방을 감소시켜서 증세의 개선에 효과적인 영향을 미치고 있다는 사실이 입증된 것이죠.

Q 실험용 쥐가 아닌 사람은 어떻습니까?

A 유사한 실험을 인체를 대상으로 했을 때도 같은 결과가 나왔습니다. 서울대학교 조비룡 교수 연구팀이 비만한 사람들 중 당뇨병을 일으킬 수 있는 인자를 갖고 있지만 아직 치료를 받고 있지 않은, 당뇨병 전기 상태의 성인을 대상으로 알로에 면역다당체를 투여해보니 더 이상 당뇨병으로 진전되지 않을 뿐 아니

라 체지방이 감소되는 것으로 나타났습니다.

Q 면역력이 떨어진다는 것은 어떤 것인가요?

A '환장(換腸)한다'는 말이 있습니다. 우리가 어이없는 일을
당하거나 또는 심각한 스트레스를 받을 때 저절로 나오는 말이
죠? 그야말로 '장이 뒤집히는 것'을 말하는데 '내장이 다 바뀌어
뒤집힐 정도로 미치겠다'는 뜻입니다. 환장하면 어떻게 될까요?
사고나 행동이 비정상적인 상태로 바뀌어 달라지므로 몸과 마
음이 모두 상하겠죠? 이것은 결국 면역력이 떨어지는 것과 같
습니다. 그런데 재미있게도 몸의 면역체계에서 실제 일어나는
현상입니다.

Q 그렇다면 면역력이 우리 몸속의 장과 어떤 관계가 있나요?

A 우리 몸속의 장은 음식물을 소화하고 영양을 흡수하는 곳인데, 여기에 또 하나 중요한 임무가 있습니다. 소화기관으로 침입한 이물질로부터 몸을 지키기 위해 면역체계를 조절하는 일이죠.

장의 면역을 관장하는 사령탑 역할을 하는 곳이 '파이어스 패치(Peyer's patch)'라는 기관입니다. 파이어스 패치는 소장 안쪽 벽전체에 퍼져 있는데, 여기에 면역세포들이 모여 있죠. 외부로부터 침입한 세균, 바이러스 같은 이물질이 장에 도달하면 파이어스 패치에 모여 있던 대식세포나 수지상세포 같은 면역세포들이 바로 달려들어 먹어치웁니다. 그리고는 조력T세포라는 면역세포에게 항원을 제시하는데 이것이 바로 면역 반응의 시작입니다. 조력T세포의 지시를 받은 B세포는 항체를 생산해서 이물질을 완전히 퇴치하게 됩니다.

이처럼 면역 활동이 활발하게 일어나는 장이 뒤집히면 어떻게 되겠어요? 당연히 면역세포가 활동을 멈춰버리고 말겠죠. 결국 '환장하겠네'라는 말을 하는 상황은 몸의 상태도 그만큼 면역력이 떨어진 상태라고 보면 됩니다. 우리가 큰 슬픔을 겪거나 충격을 받으면 실제로 병이 나는 것도 같은 원리죠.

알로에 면역다당체,
인슐린저항성 개선에 효과 있다

한국인 10명 중 1명은 당뇨병을 앓고 있다. 아직 당뇨병 진단은 받지 않았지만, 당뇨병 직전 단계인 '전당뇨병' 상태까지 포함한다면 훨씬 많은 사람들이 당뇨병 환자거나 예비 당뇨병 환자라고 볼 수 있다. 당뇨병은 인슐린의 분비량이 부족하거나 정상적인 기능이 이루어지지 않아, 혈액 속에 지나치게 많은 포도당이 신장에서 모두 걸러지지 않고 소변 속에 섞여서 배출되는 질환이다.

당뇨병은 제1형과 제2형으로 구분되는데, '소아 당뇨병'이라고도 부르는 1형 당뇨병은 면역세포가 인슐린 분비 세포를 공격하여 인슐린 의존성 당뇨를 일으키는 것으로 인슐린을 아예 만들어내지 못해 발생하는 질환이다. 2형은 인슐린은 충분히 분비되지만 여러 가지 이유로 제대로 작동되지 않고, 그 기능이 떨어지는 '인슐린저항성'을 지닐 때 발생한다.

인슐린저항성이 원인인 2형 당뇨병이 문제

인슐린은 췌장에서 분비되는 호르몬으로 혈액 속의 포도당의 양을 일정하게 유지시키는 일을 한다. 혈당량이 높아지면 인슐린이 분비되어 혈액 내의 포도당을 글리코겐의 형태로 저장시키도록 하며 거꾸로 인슐린 농도가 떨어지면 저장된 글리코겐이 포도당으로 분해되어 혈액 속으로 배출된다. 인슐린의 분비와 억제는 적당한 선에서 반복되어야 하는데 비만이나 운동 부족 등 여러 가지 이유로 인슐린이 간이나 근육, 지방조직에서 제 기능을 다하지 못해 어느 순간 우리 몸이 더 이상 인슐린에 반응하지 않는 상태가 되기도 한다. 인슐린저항성 상태에서는 인슐린을 아무리 투입해도 세포가 혈액내의 포도당을 효과적으로 연소하지 못해서 계속 혈당이 높은 상태로 지속된다. 인슐린 저항성 상태가 계속되면 우리 몸에서 필요 이상의 인슐린을 생성하게 되며 이로 인해 고혈압이나 고지혈증, 당뇨병, 심장병 등을 악화시킬 수 있어 매우 위험하다.

당뇨병도 그 중의 하나로 2형 당뇨병은 고혈당 증세가 오랫동안 지속되다가 질병으로 진행된 것이다. 식생활의 서구화에 따른 고열량, 고지방, 고단백의 식단, 운동 부족, 스트레스 등 환경적인 요인이 원인의 큰 부분을 차지하기 때문에 '생활습관병'이라 불리기도 한다.

인슐린저항성은 겉으로 드러나는 증상이 없어 우리가 느끼지 못하는 사이에 질병으로 진행되기 쉽다. 일반적으로 건강검진 결과 복부비만으로 진단되거나 혈당이 높거나 중성지방 등이 높게 나오면 인슐린저항성이 진행되고 있다고 보고 있다.

당뇨병은 처음에는 갈증과 다뇨증 정도의 가벼운 증상으로 시작되지만, 방치하면 당뇨병성 망막증, 신부전증 등 합병증으로 이어질 수 있다.

인슐린저항성 개선이 시급하다

당뇨병을 치료하려면 1형인 경우 인슐린을 만들어내지 못해서 생기는 것이므로 인슐린을 투여하면 된다. 하지만 현대인의 당뇨병은 대부분 인슐린저항성으로 발생한 2형이기 때문에 인슐린 투여만으로는 증상이 완화되지 않는다. 좋지 않은 생활습관에서 기인한 만큼 생활습관 개선에 최우선적으로 관심을 기울여야 함은 물론이다.

특히 비만과 인슐린저항성은 불가분의 관계이므로 적절한 운동과 식이요법을 통해 비만을 해결하는 것이 무엇보다 우선이다. 근육이 없고 체지방량이 높은 마른 비만의 경우도 똑같은 위험을 가지고 있으므로 주의가 필요하다. 여러 연구에 따르면 적절한 운동과 신체활동을 하면 체중이 줄고 체중이 줄면 인슐린저항성이 개선되는 것으로 밝혀졌다. 따라서 인슐린저항성을 개선시키려면 운동과 같은 활발한 신체활동이 필요하다.

알로에의 면역다당체, 혈당을 낮춘다

김경제 교수가 인터뷰(127쪽)에서 언급한 'QDMC(알로에 면역다당체 복합물)의 인슐린 저항성 개선 효능 및 기전 연구 실험 결과'를 자세히 살펴보면 다음과 같다. 고지방 식이요법으로 비만이 된 쥐에게 알로에 면역다당체를 20주 정도 투여했더니 우선 지방 분해 효과가 나타났고, 혈중 중성지질의 생성이 억제되었으며, 간의 중성지질 생성도 억제되는 것으로 나타났다. 지방의 무게가 감소되었고, 지방의 크기가 정상군만큼 줄어들었으며, 지방간의 크기와 간의 중성지질 양 역시 줄어들었음을 알 수 있었다. 혈당 조절 효과도 함께 나타났는데, 알로에 면역다당체는 혈당을 현저히 감소시켰을 뿐 아니라 식후 2시간의 혈당도 감소시켰다. 결과적으로 혈중 인슐린을 당뇨 치료약만큼 낮추는 것을 알 수 있었다.

비만은 식욕을 조절하는 호르몬인 렙틴 유전자의 발현 이상으로 유도된다. 실험을 통해 렙틴이 조절되지 않아 비만이 된 실험쥐에게 렙틴을 정기적으로 주사하면 정상으로 돌아오는 것을 알 수 있다. 이처럼 지방세포에서 분비되는 단백질인 렙틴, TNF-α, 아디포넥틴 등과 같은 여러 종류의 아디포카인(지방세포라는 뜻의 '아디포'와 전달물질인 사이토카인의 '카인'에서 유래한 명칭으로 지방세포에서 분비되는 신호 전달 물질)들이 지방대사, 에너지 항상성 및 인슐린저항성을 조절하면서 비만과 관련된 질환을 만들어 낸다.

그런데 알로에 면역다당체는 렙틴과 아디포넥틴의 분비를 조절해주는 것으로 밝혀졌다. 비만 쥐에게 알로에 면역다당체를 투여한 결과 당뇨치료약만큼 혈중 아디포넥틴은 높여 주고, 렙틴은 낮춰주는 것을 알 수 있었다. 또한 혈중 농도뿐 아니라 조직 내의 아디포넥틴과 렙틴의 양도 조절해 주었다(도표11 참조).

이 실험 결과로 알로에 면역다당체는 비만 및 2형 당뇨 치료 의약품인 메트포민과 유사한 기전으로 체중을 감소시키고, 혈당을 떨어뜨리며, 호르몬 조절을 함으로써 당뇨병의 치료 및 예방효과를 갖고 있음을 알 수 있다.

도표11 QDMC의 인슐린 저항성 개선 효능 및 기전 연구

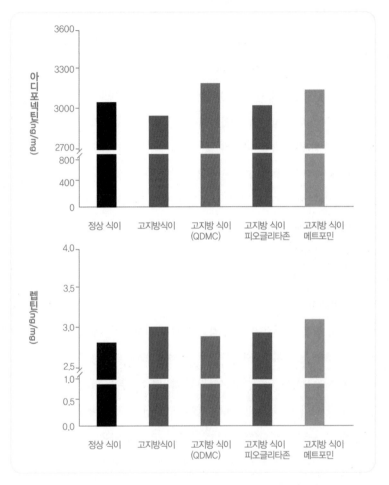

출처 〈QDMC(알로에 면역 다당체 복합물)의 인슐린 저항성 개선 효능 및 기전 연구, 김경제〉

인슐린저항성 개선하면, 심혈관 질환도 함께 예방

나이가 들면서 고혈압 증세를 보여 평생 혈압강하제를 복용하는 사람들이 많다. 혈관을 좁게 만들고 탄력을 떨어뜨리는 콜레스테롤이 고혈압의 주원인이다. 동맥경화는 혈관에 주로 콜레스테롤이나 중성지방 등의 지방성 물질이 쌓여 혈관이 좁아지고 탄력성을 잃는 상태를 말하는데, 혈관 벽에 지질 성분이 쌓이게 되면 이것이 염증 반응을 일으킨다. 우리 몸의 염증 반응이 상승하면 특히 혈관 벽에 염증을 일으켜 동맥경화가 악화되고, 여러 장기에 인슐린저항성을 유발해 협심증, 심근경색증 등 심혈관질환의 위험성을 높인다. 대부분 동맥경화증을 앓고 있는 사람은 고지혈증, 고혈압, 당뇨, 비만 등의 질환을 함께 갖고 있다.

고지혈증은 혈액 내에 필요 이상으로 많은 지방성분이 혈관 벽에 쌓여 염증을 일으키고 그 결과 심혈관 질환을 일으키는 상태이다. 최근에는 비정상적인 혈액 내 지질 상태를 이상지질혈증으로 정의하기도 한다. 고지혈증을 유발하는 주요 원인으로는 칼로리 과다 섭취, 운동 부족, 당뇨병, 갑상선, 신장 질환 등의 질병 또는 이뇨제, 베타 차단제, 호르몬제 등의 약물 복용 등을 들 수 있다. 특히 동물성 지방의 과다 섭취 및 비만 역시 혈중 콜레스테롤을 높이는 주요 요인으로 작용한다. 또한 드물지만 선천적으로 지질 대사에 이상이 생겨 오는 수가 있는데, 이 때는 가족 중 여러 사람에게 고지혈증이 발생할 수 있다.

동맥경화는 혈중 지질 검사를 통해 진단하는데 주로 콜레스테롤, 중성지방, 고밀도 지단백(HDL) 콜레스테롤, 저밀도 지단백(LDL) 콜레스테롤을 측정한다. 사실 혈중 지질이 모두 몸에 해로운 것은 아니다. 콜레스테롤과 LDL 콜레스테롤은 동맥경화를 촉진시키는 위험 인자이지만 HDL 콜레스테롤은 혈관 벽에서 콜레스테롤을 제거하는 유익한 인자다.

심혈관계 질환은 인슐린저항성으로 인한 악순환이 주요 원인 중 하나다. 동맥경화, 고혈압, 당뇨, 심혈관질환의 고리를 끊는 게 무엇보다 중요하다. 알로에 면역다당체가 인슐린저항성을 개선하는 것으로 나타난 연구 결과는 심혈관계 질환을 예방하는 데 중요하게 참고할 지점이다.

Bringing the best of nature to humankind

Interview
전 문 가 에 게   듣 다

박영인 교수(고려대 약학대학 학장)

서울대학교 약학대학 졸업, 미국 인디애나
대학교 박사.
고려대학교 생명과학대학 학장, 한국분자세
포생물학회, 대한약학회부회장, 생화학분자
생물학회, 한국미생물생명공학회 회장, CAP
2~4기 운영위원회 위원장으로 일했다.
현재 고려대학교 약학대학 학장이다.

알로에,
알레르기 예방과 치료에 도움

"알레르기는 무해한 물질에 대해 우리 몸이 과민 반응을 일으키는 것입니다. 면역체계의 오작동인 셈이죠. 원인이 워낙 복합적이고 명확하지 않아 치료를 한다 해도 증상을 완화시킬 뿐 완치는 어렵습니다. 실험 결과 알로에의 당단백질 성분이 알레르기 반응의 가장 초기단계를 차단하는 것으로 밝혀졌습니다. 이것은 기존의 치료약보다 알레르기 반응의 상위 단계에서 작용한다는 사실을 말해주는 것으로 알레르기의 예방이나 치료에 획기적인 도움이 될 것입니다."

Q 알레르기는 어떤 질병인가요?

A 알레르기 질환은 근대 의학 초기에는 거의 주목받지 못한 질병이었으나 지금은 거의 모든 사람에게 나타난다고 해도 과언이 아닐 정도로 흔한 질병이 되었습니다. 알레르기는 면역 반응 중의 하나로서 쉽게 말하면 무해한 물질에 대해 몸이 과민하게 반응을 일으키는 것입니다.

기온, 습도 등 기후변화, 풍토, 계절, 꽃가루, 환경오염, 섭취 식품 등에 따라 발생하지만 원인이 워낙 복합적이고 또 명확하지 않아 근본적인 치료제가 개발되지 못하고, 치료를 한다 해도 증상을 완화시킬 뿐 완치는 어렵습니다.

두드러기나 가려움증, 발진 등 알레르기 증상을 완화하는 치료제는 거의 항히스타민제로서 합성 의약품이 사용되며 심한 경우에는 스테로이드 제제를 사용하고 있습니다만 근본적인 치료제가 현재까지 개발되지 못한 상태입니다.

Q 알로에와 알레르기는 어떤 관계가 있나요?

A 알로에가 알레르기 반응에 대해 효과가 있다는 것은 이미 알려져 있었죠. 하지만 어떤 성분이 그런 작용을 하는지, 또 어떤 기전으로 그런 효능을 발휘하는지는 입증되지 못한 상태였습니다. 알로에가 면역계를 포함하여 다양하게 생리적 효능이 있다는 점이 이미 알려져 있었고 그 중 알로에의 당단백질이 항염증 작용을 갖고 있으며 다당체가 상처 치유에 탁월한 효과를 보인다는 기존의 연구 보고도 있었습니다.

이것을 기초로 캡(CAP)프로젝트 연구진은 알로에의 어떤 성분이 알레르기에 효과를 미치는지 확인하는 실험을 시작했습니다. 알레르기의 항알레르기 효과의 검증과 그 기능을 보이는 물질을 분리하는 실험이었습니다. 이러한 실험을 통해 알레르기에 효과가 있는 물질을 찾아들어가다 보니 당단백질을 찾게 되었고, 이 성분이 알레르기 증세를 완화하는 데 효과적이라는 것을 알게 되었습니다. 이 당단백질을 알레르기 방어물질 (Allergy Protecting Agent)이라는 뜻으로 '알프로젠(Alprogen)'이라고 이름붙였습니다.

Q 알로에에서 알레르기 조절 성분을 찾아내신 거군요.

A 그렇습니다. 그런데 워낙 극소량이어서 어려움이 컸습니다. 알로에는 99.5% 이상이 수분이며, 나머지 0.5%가 고형물입니다. 그 0.5%의 고형물의 대부분은 당질이고 단백질 성분은 0.1%에 지나지 않을 정도입니다. 단백질 성분은 0.5%의 0.1%이니 지극히 소량인 것이지요. 게다가 대부분의 단백질 성분들이 당과 결합되어 있는 당단백질의 형태로 존재하는 것으로 추정되고 있어 성분을 분리하고 그 구조적 특성을 밝히기가 기술적으로 매우 어려운 상황이죠.

또한 알로에로부터 단백질을 분리 하는 것은 알로에에 포함되어 있는 폐놀계 저분자 물질과 뮤신(Mucin)이라는 다당체의 점액성 때문에 순수 분리가 매우 어려웠습니다. 그러한 어려운 점이 있는데도 불구하고 소량이지만 그 당단백질 성분을 순수 분리, 정제하는 데 성공했습니다. 이를 바탕으로 알로에에서 알프로젠을 만드는 유전자를 또한 분리하였고 이를 이용하여 알프로젠을 대량 생산할 수 있는 기틀을 만들었죠.

Q 알프로젠이 알레르기 증세를 어떻게 완화시키나요?

A 알프로젠은 그 함량이 매우 적습니다. 때문에 순수 알프로젠으로 실험하기에는 분리한 양이 너무 적어 일단 정제단계에

서 알프로젠이 많이 포함된 농축 물질을 만들어 이것으로 실험을 진행했습니다. 알레르기성 질환은 대부분 비만세포나 면역세포가 항원, 항체 반응을 보일 때 이들 세포에서 분비되는 히스타민, 류코트리엔 등과 같은 생리활성물질들에 의해서 일어납니다. 따라서 실험은 알레르기 및 천식을 일으키는 주된 세포인 비만세포에 알프로젠을 투여하고 히스타민과 류코트리엔의 분비량을 측정하는 방법으로 진행했습니다.

이 실험을 통해 연구진은 알로에에서 부분적으로 분리 정제된 유효성분인 알프로젠이 다량 포함되어 있는 분획에서 알프로젠이 히스타민과 류코트리엔의 분비를 투여 농도에 비례적으로 완벽하게 차단시킨다는 사실을 알아냈습니다. 히스타민과 류트리코엔의 분비를 억제하는 효과가 있다는 사실이 밝힘으로써 알레르기의 예방 및 치료에 상당한 역할을 하게 되었습니다.

히스타민은 피부에 두드러기, 가려움, 발진 등을 일으키고 류트리코엔은 기관지의 급속한 수축으로 발작이나 천식성 기침을 유발하는 물질인데 알프로젠이 이 두 성분의 분비를 함께 차단함으로써 효과적으로 항알레르기 효과를 나타낸다는 것입니다.

Q 그렇다면 알프로젠은 어떤 기전으로 알레르기 증세를 완화하나요?

A 그 기전이 정확하게 밝혀지진 않았지만 지금까지의 실험 결과 비만세포의 막에 존재하는 억제 수용체에 반응을 해서 나머지 단계로 신호가 전달되는 것을 차단하는 것으로 예측하고 있습니다. 이것은 알레르기 반응이 일어나는 일련의 과정에서 가장 처음 단계에 작용하는 것으로 알로에의 당단백질 성분이 알레르기반응의 가장 초기단계를 차단하는 것입니다.

Q 이것은 의학적으로 어떤 의미가 있을까요?

A 알로에 당단백질인 알프로젠이 히스타민이나 류코트리엔의 분비를 억제하여 알레르기를 일어나지 않도록 하는거죠. 지금까지 알레르기 치료제로 가장 많이 쓰인 항히스타민제는 히스타민 한 종류에만 작용하는데다 졸음 등의 부작용이 있습니다. 또 이미 분비된 히스타민에 대항하는 형태로 알레르기를 치료해온 것인데 비해 알프로젠은 히스타민이나 류코트리엔의 분비를 근본적으로 억제하여 알레르기를 일으키지 못하도록 하는거죠. 실험 결과로 볼 때 알프로젠이 항히스타민제보다 알레르기 반응의 상위 단계에서 작용하는 물질로 밝혀진 것은 그만큼 가치가 있다는 것을 의미합니다.

면역체계의 오작동, 알레르기

　우리 몸은 아주 효과적으로 작동하는 면역체계를 가지고 있어서 유해한 세균이나 바이러스로부터 우리 몸을 스스로를 보호한다. 그런데 면역체계의 조절작용에 이상이 생겨 무해한 이물질에 대하여 과민반응을 일으켜 질병으로 진행되는 대표적인 것이 바로 알레르기다.

　원래 우리 몸은 꽃가루, 음식물 등 원래는 질병을 일으키지 않는 침입자에는 이상반응을 보이지 않는다. 그런데 면역세포들이 이들 물질을 해로운 것으로 오인해 과잉반응을 하게 되면 가려움증, 재채기, 콧물, 부종 등의 증상이 나타난다. 알레르기는 우리 몸의 정상 면역체계가 크게 신경 쓰지 않아도 되는 '해롭지 않은' 항원, 꽃가루, 동물의 털, 집 먼지 진드기 등과 '불필요하게 다투게' 되어서 발생하는 것이다. 이런 반응이 피부에서 일어나면 아토피 피부염, 코 점막에 일어나면 알레르기성 비염, 기관지 쪽에서 일어나면 천식이 된다. 알레르기 반응 중에는 페니실린 쇼크와 같이 생명을 위협할 정도로 강한 아나필락시스(Anaphylaxis) 반응도 있다.

알레르기의 주범은 항체 IgE

우리 몸에 바이러스나 세균 같은 이물질이 침입하면 혈액 속에 있는 여러 면역세포들이 이것을 퇴치하게 되는데 그 중에서도 B세포는 면역학적 무기, 즉 항체를 만들어 이물질을 퇴치한다. 이 때 만들어지는 항체가 면역글로불린(Immunoglobulin, Ig)이다. 항체의 역할은 이물질이 몸 안으로 침입하면 이 침입자에 달라붙어서 이것을 파괴하라는 신호를 면역계에 보내는 것이다.

면역글로불린은 특성에 따라 IgA, IgE, IgG, IgM, IgD 등 다섯 가지로 나뉘는데 이들 중 IgE라는 항체가 알레르기를 일으키는 주범으로 알려져 있다. IgE는 알레르기를 유발하는 히스타민의 분비를 늘리고, 히스타민은 천식이나 아토피피부염을 유발한다. 봄철에 꽃가루가 날리면 콧물이 줄줄 흐르고 재채기를 하는 이유도, 특정 음식을 먹었을 때 두드러기가 생기고 목구멍이 막히는 것도 IgE 항체 때문이다. 알레르기를 일으키는 인자(알레르겐)는 꽃가루나 식품뿐만 아니라 갑작스러운 날씨 변화, 진드기, 동물의 털, 온도, 약물 등 매우 다양하다.

그런데 왜 보통 사람들에게는 아무런 문제가 되지 않는 평범한 물질이 특정 사람에게는 알레르기를 일으키는 물질로 둔갑하는 것일까? 무해한 물질의 어떤 특성이 과민 반응하게 만드는 것일까? 알레르기의 원인은 아직 완벽하게 밝혀지지 않았지만 결국 내 몸의 면역체계의 오작동 때문인 것으로 추측하고 있다.

알레르기는 면역 과민반응

알레르기가 일어나는 과정을 간단하게 정리하면 다음과 같다. IgE 항체가 알레르기를 일으키는 물질을 말하는 알레르겐과 반응하면 히스타민이란 물질이 분비된다. 히스타민은 모세혈관을 확장시키고 분비선을 자극하며 근육이 수축하는 증상을 일으킨다. 모세혈관이 확장되면 혈액 내의 액체가 조직으로 흘러와 조직 내에 필요 이상의 액체가 고여 있게 된다. 이 상태를 부종이라 하는데 부종이 피부에 생기면 피부가 부풀어 오르고 심한 가려움증이 나타나며, 코에 생기면 코가 막히거나 가려움으로 인해 재채기를 하게 되고, 위장관에 생기면 복통과 설사를 일

3부

으킨다.

히스타민이 분비되는 곳은 면역세포가 이물질에 대항하여 격렬히 싸우고 있는 곳이라고 보면 된다. 이 전투는 우리 몸에 염증 증상으로 나타난다. 따라서 히스타민이 많이 분비되면 염증 반응이 겹치게 되고, 주변 조직을 자극하기 때문에 이로 인해 두드러기, 가려움, 부종 등의 증상이 나타나게 된다.

완치 어려운 알레르기, 면역체계 안정화 필요

알레르기 질환은 특정 알레르겐에 대한 면역 과민 반응이다. 알레르기 증상을 완화시키고, 면역체계를 강화하려면 우선 우리 몸에서 과민 반응을 일으켜 증상을 유발하는 알레르겐을 제대로 관리해야 한다. 알레르겐을 적절히 차단하고 회피함으로써 알레르기 증상을 유발하는 기회를 줄여야 한다. 알레르기 증상은 알레르겐과 접촉하지 않으면 나타나지 않기 때문에 이 방법은 가장 간단하면서도 효과적이다. 다만 회피요법에는 한계가 있다. 일상생활 환경에서 어쩔 수 없이 접촉할 수밖에 없는 알레르기 원인물질을 피할 방법은 없다. 예를 들어 알레르기를 일으키는 식품이야 안 먹으면 된다지만 봄철 꽃가루 알레르기가 있는 사람이 꽃가루가 없는 공기만 골라서 호흡할 수는 없다.

결국 알레르기 증상은 재발과 호전, 악화를 반복하게 되는데 완치를 목적으로 하기 보다는 대증요법으로 증상을 완화시켜주는 약물 치료를 하게 된다. 대표적인 것이 알레르기를 일으키는 주범인 히스타민의 활동을 억제하기 위해 항히스타민제를 사용하는 방법이다. 그러나 이것은 증상을 완화시키는 임시방편일 뿐 근본적인 치료법은 아니다.

알레르기를 완치하려면 근본적으로 면역체계를 교정해야 한다. 알레르기는 면역체계의 오류로 일어나는 문제이기 때문이다. 알레르기 테스트를 통해 알레르기를 유발하는 특정 알레르겐을 찾아내고 이 물질을 소량 반복 투여하며 과민 반응을 억제시키는 면역요법이 있지만 이것은 곧바로 치료 효과를 볼 수 있는 단기요법이 아니다. 보통 1년 정도 지나야 환자가 증상이 나아짐을 느낄 수 있으며, 3~5년 지속적으로 치료받아야 면역체계가 안정된다. 게다가 알레르기를 일으키는 바로 그 물질을 몸속에 투여하는 치료법이기 때문에 부작용이 생길 수도 있다. 따라서 이 방법은 알레르기 전문의의 지시와 관리 아래 오랜 기간 꾸준히 해야 하며, 알레르기 반응이 너무 심하면 사용하기 어려운 경우도 있다. 결국 알레르기 치료의 열쇠는 내 몸의 면역력 회복에 있음을 기억하고, 내 몸이 스스로 면역력을 조절해나가도록 노력해야 한다.

알레르기 유발 물질 분비를 원천봉쇄하는 알로에 당단백

박영인 교수가 인터뷰(143쪽)에서 언급한 바와 같이 알로에로부터 분리, 정제해 낸 당단백질이 항알레르기 효능을 갖고 있으며 캡(CAP) 연구진은 이 당단백질을 '알프로젠'이라 이름 붙였다.

알로에 당단백 알프로젠은 히스타민과 류코트리엔의 분비를 100% 차단시키는 것으로 밝혀져 알레르기 증세를 획기적으로 개선할 수 있다. 특히 알프로젠은 알레르기를 유발하는 비만세포의 수용체에 작용하여 히스타민이나 류코트리엔의 분비를 근본적으로 억제한다는 사실을 밝혀냈다. 이것은 기존의 치료약인 항히스타민제나 항류코트리엔제보다 알레르기 반응의 상위 단계에서 작용한다는 사실을 말해준다. 기존의 항히스타민제나 항류코트리엔제는 알레르기 작용에 의해 이미 분비된 히스타민이나 류코트리엔에 대항하는 형태로 알레르기를 치료해왔다. 알로에 당단백질인 알프로젠은 히스타민이나 류코트리엔의 분비 자체를 차단하는 방식으로 작동한다는 점에서 훨씬 효과적인 치료법이라 할 수 있다. 알레르기에 대해 근본적인 치료법이 없는 실정에서 알프로젠의 히스타민이나 류코트리엔의 분비차단 효과는 알레르기의 예방이나 치료에 획기적인 계기가 될 것으로 보인다.

4부

사진으로 보는
알로에 재배에서 제품까지

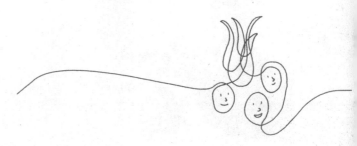

세계 최대 알로에 농장을 가다

글 윤경수(알로콥 사장)

알로에 재배,
어떻게 이루어지나

알로콥 멕시코 농장 이야기

멕시코의 여름은 40℃를 웃돈다. 건기의 막바지 5월, 모든 것이 메말랐다. 우리 모두는 비를 기다리고 있다. 알로콥 멕시코가 곤잘레스에 레이크팜(Lake Farm)을 일구어 정착한 지도 벌써 22년째다. 얼마 전에는 그 때 태어난 곤잘레스의 젊은이가 입사를 지원하기도 했다. 우리 농장은 멕시코 북부에 위치한 곤잘레스 (Gonzalez)와 파누코(Panuco) 지역에 나뉘어 있다.

　일년 내내 알로에를 생산하고 공급해야 하는 우리에게 농장은 한 곳에 있어서는 안 된다. 이 농장이 가뭄이나 홍수로 수확이 어려우면 다른 농장에서 잎을 공급할 수 있어야 하기 때문이다. 물론 생산시설이 가까워 수확한 잎을 신선한 상태로 보낼 수 있으면 좋다. 곤잘레스에 있는 레이크팜과 레이욘팜(Rayon Farm)은 생산시설과 가깝다. 파누코 시에 있는 리버팜(River Farm)

과 라군팜(Lagoon Farm)은 차로 2시간 반 거리다. 멕시코 농장의 책임자는 알렉스 메나(Alex Mena)다. 그는 곤잘레스와 파누코의 농장을 관리하며 외부 잎 구매까지 책임진다. 그의 전공은 토양 관리다.

농장 책임자인 메나의 지휘 하에 각 농장에는 감독(Supervisor)이 있고, 이 감독들이 각 농장을 책임진다. 우리 농장 대부분의 관리자와 일반직원들은 모두 현지인 채용 원칙이다. 현지인을 채용하는 것은 지역사회에 일자리를 제공함으로써 지역사회와 함께 성장한다는 원칙을 지키기 위해서다. 이러한 원칙이 없다면 현지에서 지속가능한 성장을 할 수 없기 때문이다.

알로콥 멕시코의 역사가 시작된 곳, 레이크팜

알로콥이 1989년에 정착한 멕시코의 레이크팜은 전체 면적이 333헥타르(ha)다. 구입 당시 레이크팜이 있던 곤잘레스 지역은 척박한 토양과 빈약한 주변 조건 때문에 농사가 되지 않는 악마의 땅이었다고 한다. 알로콥의 완제품 생산 공장이 있던 미국 텍사스 라이포드(Lyford)에서 차로 7시간 반이나 걸리는 먼 곳이지만 냉해를 피할수 있는 최북단 지역이다. 알로콥이 여기에 정착한 지 22년이 흐른 지금 이곳은 세계 최대의 알로에 생산기지

알로콥 멕시코의 알로에 농장과 공장

(Cluster)로 변했다. 그 이후 이 지역엔 알로콥 농장 뿐만 아니라 주변 곳곳에 알로에 농사를 대단위로 짓는 농장이 많이 생겼다. 333ha 농지 중 현재 80ha에 알로에를 재배하고 있다. 나머지는 현재 휴식중으로 지력을 높이기 위해 귀리, 콩과 작물 등을 재배한다. 알로에는 알로에 어미종자(Mother plant) 주변에 생기는 새끼모종(Pups)을 새 땅에 옮겨 심어 재배한다. 이 새끼 알로에가 1년쯤 자라면 수확할 수 있다. 첫 수확에서 보통 250g 정도의 잎을 딸 수 있다. 이때 바깥쪽 잎만 수확하고 속잎 14개는 남긴다. 그런 후 3개월 후에 다시 바깥 잎을 수확하고 속잎 14개를 남겨 다음 수확을 기다린다. 알로에는 다년생 식물이다. 첫 수확 후 약 5년간 3개월 간격으로 수확이 가능하다. 5년이 지난 후에는 모두 수확하여 통째로 가공한다. 이때 대지는 1년간 휴식이 필요하다. 그 동안 우리는 대지의 휴식과 추스름에 무심했다. 레이크팜에서는 윤작하지 않고 계속 알로에를 재배함으로써 지력이 많이 쇠하였다. 그래서 2008년부터는 섹션별로 윤작을 시행하고 있다.

레이크팜에는 다섯 개의 섹션이 있다. 섹션A에는 아가베(Agave) 6만주가 자라고 있다. 아가베는 7년을 키워 뿌리에 생기는 파인애플로 멕시코의 대표적인 술인 데킬라와 감미료로 사용하는 아가베 시럽(Agave syrup)을 만든다. 섹션B와 C의 일부와

E에는 알로에 1백만 주가 자라고 있다. 특히 섹션E는 한동안 공지로 두었다가 2006년 알로에 경작을 시작했다. 지금은 아주 튼실한 알로에가 자라고 있다. 섹션D는 휴경지로 올해 말 쯤 알로에를 심을 예정이다.

레이크팜에는 40명의 직원이 일한다. 보통 알로에 재배 면적 4ha당 1명의 직원을 배정하고 있는데, 레이크팜은 휴경지 관리도 겸하기 때문에 직원이 많다. 직원들은 트랙터 기사, 수확팀, 그리고 유지관리팀으로 역할이 나뉜다. 요즘처럼 날씨가 덥고 햇빛이 강할 때는 탈수 현상이 일어날 수 있으므로 소금을 넣어 만든 '수에로(Suero)'를 반드시 챙겨 들로 나간다. 올해는 6월 초까지 7개월간 비가 없었다. 그래서 레이크팜에 있는 다섯 군데 호수가 모두 바닥까지 말랐다. 지금같이 호수가 말랐을 때에는 호수 바닥을 다지고 진흙을 긁어 내어 비가 올 때 더 많은 물을 담을 수 있도록 대비한다. 레이크팜 이웃에는 메노나이트(Mennonites : 16세기 종교개혁기에 등장한 개신교 종파. 메노의 신학을 따르는 자들이란 뜻이다. 메노파라고도 부른다.)들이 산다. 그들은 자신들만의 독특한 공동체를 유지하며 종교적 성실함과 근면함을 바탕으로 귀리, 콩, 옥수수 등의 작물을 재배한다. 우리 농장의 귀리도 그들이 짓는다.

알로콥 멕시코 현황

알로콥 멕시코는 현재 멕시코만으로 흐르는 파누코강을 중심으로, 멕시코 타마울리파스(Tamaulipas)주의 곤잘레스(Gonzalez) 지역과 베라크루즈(Veracruz) 주의 파누코(Panuco) 지역, 그리고 그 사이의 레이욘(Rayon) 지역에 있는 다섯 개의 농장과 곤잘레스(Gonzalez)의 원료가공공장을 보유하고 있다. 총 772ha의 규모를 자랑하는 알로콥 멕시코는 세계 최고, 최대 알로에 농장이라고 하기에 부족함이 없다.

환희에서 좌절로, 그러나 희망을 버리지 않는 땅, 파누코 농장

타마울리파스주에는 베르날 산(The Bernal de Horcasitas mountain)이 있다. 820m에 불과하지만 평지에 우뚝 솟아 사방이 보이는 타마울리파스주의 상징이다. 대지에 혹이 난 듯 보이기도 하고 어머니의 젖꼭지 같아 보이기도 하다. 산 가까이에 마운틴 팜(Mountain Farm)이 있었다. 2006년에 2백만 주의 새끼 알로에(Pups)를 알로콥 차이나(Aloecorp China)에 보낸 적이 있는데, 그것들을 생산한 곳이 바로 마운틴팜이었다. 농장 주변에는 관개용 수로(Water Channel)가 있다. 가뭄에는 한 달에 한 번씩은 알로에에 물을 공급해야 한다. 그런데 마운틴팜을 구입할 때 실무자의 실수로 용수권 (Water Right)을 사지 않았다. 그래서 가뭄이 올 때마다 마운틴팜은 물을 공급하는 데 어려움을 겪었다. 이런 경험 때문에 물 공급의 어려움을 겪지 않을 토지를 찾다가 2007년 파누코 농장을 구입했다.

파누코 시 옆으로는 5백km에 이르는, 멕시코에서 네번째로 긴 파누코 강(Panuco River)이 흐른다. 파누코 농장은 농장이 둘로 나누어져 있다. 파누코 강 옆에 위치한 리버팜은 면적이 134ha다. 2007년 처음 알로에를 심은 후 그 해 바로 큰 홍수를 맞았다. 그 홍수로 파누코 시 일대가 모두 물에 감겼다. 우리 농장의 알로에도 2~3m 깊이의 물에 잠겼다. 알로에는 강한 식물이다. 어미 알로에의 경우 물에 잠겨도 24시간 이내에 물이 빠지면 산다. 그러나 2007년 홍수는 물은 빠지는 데 석 달이나 걸렸다. 우리는 대부분의 알로에를 잃었다. 그러나 우리는 좌절하지 않았다. 다시 알로에를 심고 물이 넘는 곳에는 약 3m 높이의 둑을 쌓고 인공 호수도 만들어 수해에 대비했다. 2008년 3월에 식재를 마친 알로에는 잘 자라 2009년 수확 철에는 이파리 하나가 600g이 넘었다. 좋은 토질과 적절한 관개 덕이었다. 보통 알로에 한 포기당 첫해에 약 5kg의 잎을 수확하고 다음해부터는 7kg을 거둔다. 그러나 파누코 농장의 알로에는 첫해에 이미 7kg을 수확했다.

1 알로콥 멕시코 농장 입구 2 알로콥 멕시코 농장 직원들

그런데 2010년에 우리는 다시 큰 홍수를 당했다. 하루 5백밀리미터가 넘는 비가 연일 계속되었다. 우리가 만든 둑이 잘 견뎌 주었으나 호수로 미처 빠져 나가지 못한 물이 농장 입구부터 역류하여 차오르기 시작했다. 2010년 8월 4일 결국 제방도 넘치는 물을 막지 못했다. 전 농장이 다시 3m의 물 아래로 잠기고 말았다. 홍수가 휩쓸고 간 농장에는 불과 6만 여주의 알로에만 남았다. 잘 자란 알로에 1백여만 주를 잃었다. 가슴이 뻥 뚫려버린 것 같았다. 원망이 절로 나왔지만 우리는 좌절하지 않았다. 2011년 멕시코 정부가 농장 입구에 물이 빠져 나갈 수 있도록 수로(Channel)를 건설했다. 농장을 새로 개발하려면 1년의 시간이 필요하다. 그럼에도 불구하고 우리는 다시 시작했다. 라군팜은 면적이 59ha다. 라군팜은 홍수 피해에도 불구하고 유기농 인증(2009년)과 글로벌G.A.P(Good Agricultural Practice. 2010년)인증을 받았다.

리버팜과 라군팜에는 각각 6명의 직원들이 일한다. 라군팜에는 현재 13ha에 알로에가 식재되어 있는데 지속적으로 유기농 재배지역을 넓힐 예정이다. 올해 라군팜에는 깊이 3m, 길이 1km에 달하는 긴 웅덩이를 만들어 홍수에 대비하고 있다.

새로운 희망, 레이온 농장(Rayon Farms)

2010년 9월, 우리는 가뭄과 홍수의 피해를 당하지 않을 땅을 찾았다. 레이크팜은 휴식이 필요했고 파누코 농장은 두 번의 홍수에 거덜 났다. 새로운 땅이 필요했다. 2005년 경 튼실하고 굵은 알로에 잎을 우리에게 공급하던 농장이 있었다. 농장주는 베르나르디노 모랄레스(Bernardino Morales)였다. 처음에는 알로에 농사를 요청할 생각이었다. 그때 그는 채소를 키우고 있었다. 그런데 농장 책임자인 살가도와 메나를 통해 땅을 살 수 있다는 소식이 들렸다. 2010년 10월 246ha의 땅을 샀고, 즉시 물을 채워둘 호수를 만들었다. 레이온 농장에는 원래 호수가 4개 있었는데, 246ha의 땅에 농사를 짓자면 호수가 하나 더 있어야 가뭄과 홍수에 대비할 수 있다는 계산이 나왔기 때문이다.

레이온 농장은 농장이 두 개다. 196ha의 레이온팜과 50ha의 글로브팜(Glove Farm)이다. 글로브팜은 장차 유기농 농장(Organic Farm)으로 인증 받기 위해 준비하고 있다. 유기농(Organic) 인증을 받기 위해서는 3년간 유기농 방식으로 농사를 지어야 하며 이제 얼마 남지 않았다. 레이온팜에는 124ha, 글로브팜에는 26ha를 식재했다. 애초에 30ha씩 윤작을 고려한 것이다. 레이온 농장에는 현재 20명이 일한다. 대부분은 근처 마을에서 출퇴근한다. 2014년 말이면 레이온 농장에서 수확을 시작한다. 그때는

1 일정한 간격으로 심어진 알로에 **2** 홍수 전에 심은 알로에
3 홍수에 잠긴 농장 **4** 홍수 이후 배수공사를 하는 모습

직원을 늘릴 계획이다. 우리 모두는 부푼 기대를 가슴에 품고 있다. 가뭄과 홍수를 걱정하지 않는 농장, 이파리당 1kg씩 거둘 수 있는 알로에 농장을 여기 레이욘 농장에서 꿈꾼다.

농사는 우리의 기반이다.

농사는 우리의 기반이다. 우리가 만드는 제품의 원료는 땅에서 나온다. 우린 세계 최고의 알로에 농사꾼이라 자부한다. 우리가 가진 노하우는 세 가지로 요약할 수 있다.

첫째, 좋은 땅을 고르는 안목이다. 알로에 농사에 적합한 땅, 유기질이 풍부한 대지, 그리고 대규모 농사에 필요한 물이 갖추어진 곳을 고를 수 있는 지식과 경험이 있다. 우리는 레이크팜에서 토양의 소중함을 배웠고, 마운틴팜에서 관개용수의 가치를 절감했으며, 파누코 농장에서 치수의 중요함을 깨달았다.

둘째, 유능한 농부다. 땅에 대한 애정을 가진 농부, 부지런한 일꾼, 알로에를 아는 사람이 있어야 한다. 2008년 말 파누코 농장에서 새로 알로에를 수확하기 시작할 때 알로에를 아는 농부를 구하지 못해 몇 달 동안 곤잘레스에서 직원을 파견하여 노하우를 전수한 적이 있다. 알로에 농사는 지속적인 관심과 보살핌이 필요하다. 주기적인 잡초 제거, 고랑 다듬기, 물주기 등은 필수다. 각종 병충해에도 주의를 기울여야 한다. 이 모든 것을 현장에서 농부가 알로에를 보고 판단한다.

셋째, 수 년 간 전수된 지식이다. 우리는 일 년 내내 하루도 빠짐없이 알로에가 필요하다.

알로에를 키우는 일은 곧 알로콥의 수년간 축적된 지식의 발현이다. 우리는 이 지식을 기록으로 남기고 공유하며 전수한다.

이 세가지가 충족되고 나면 마지막으로 하늘의 보살핌이 필요하다. 우리는 매년 가뭄과 홍수를 걱정하며 하늘에 기원한다. 비록 우리가 최선을 다해 준비하여 알로에 농장을 가꾸더라도 결국 하늘의 보살핌이 있어야 농사를 성공적으로 마칠 수 있다.

홍수 이후 복구된 농장

알로에 제품,
어떻게 만들어지나?

알로에의 품질은 재배 조건과 재배 기술, 채취 방법, 가공 기술 등에 의해 크게 좌우된다. 알로에는 생명력이 강해서 묘종 이식 후에 크게 신경을 쓰지 않아도 잘 자란다. 하지만 유효 성분이 풍부한 알로에를 얻기 위해서는 세심한 관리가 필수적이다. 우선 알로에는 아열대성 식물이다. 수백 종에 달하는 알로에의 원산지는 대부분 아프리카 등의 열대 지역이다. 그렇기 때문에 얼마나 원산지와 비슷한 환경이냐가 매우 중요하다. 적당한 환경에서 자란 알로에라야 제대로 된 성분을 뽑아내고, 그 효능을 얻을 수 있다.

알로에는 생명력이 워낙 강해서 뿌리째 태양에 노출되어도 쉽게 죽지 않지만, 기온이 0℃ 이하로 내려가든지 배수가 잘 안

알로에는 국산이 제일 좋다?

알로에의 자생지는 열대, 난온대의 해안지대에 걸쳐 꽤 넓은 지역이지만 원생지는 아프리카 대륙의 해안지대다. 아프리카 대륙의 해안지대는 기온이 매우 높은 건조한 모래땅으로 생초 자체가 온통 수분 덩어리인 선인장류만이 겨우 살아남았다. 서리가 내리지 않는 난온대 또는 열대 지방의 모래땅이나 모래땅과 가까운 토양, 연중 강우량이 아주 적으면서도 온도가 높은 지역이 알로에가 자라기 좋은 땅이다. 알로에는 혹서에는 잘 견뎌내지만, 0℃ 이하의 기온에서는 얼어 죽는다. 그리고 건조한 모래땅에서도 적당한 온도와 습도만 있으면 살아갈 수 있지만 줄곧 습기가 차는 땅에서는 뿌리가 썩어 죽는다. 알로에 잎 속에는 다당체와 같은 보습력이 뛰어난 물질이 들어 있다. 알로에의 다당체는 일조량이 많을수록 함유량이 증대되며 토양, 수분 등의 조건에 따라 미네랄 함량도 증대된다. 따라서 알로에는 얼마나 적합한 기후와 토양에서 적합한 재배 기술로 키웠는지가 중요하다.

되는 토양에서는 재배할 수 없다. 연평균 기온이 23℃ 이상 10개월 이상 계속되며 배수가 잘 되는 퇴적토라야 주요 성분을 함유한 알로에로 자랄 수 있다. 이런 천혜의 조건을 갖춘 곳은 세계적으로도 몇 군데 되지 않는다. 미국 남부와 멕시코 북부의 리오그란데 강 유역, 중국의 하이난 지역 등이 알로에 재배 최적지라고 할 수 있다. 알로에의 유효 성분을 유지하려면 화학 비료를 쓰지 않고 자연 퇴비로 경작해야 한다. 또한 품질이 고른 알로에를 수확하기 위해서는 적합한 시기에 채취하고 가공하는 기술이 필요하다.

알로에는 한 포기에 잎이 대략 16~18개 정도 있다. 이것을 채취하는 데도 노하우가 있다. 통째로 채취하면 잎의 절반 정도는 겔 질이 충분하지 못해서 부실한 원료가 된다. 그래서 이들 중에서 겔 질이 풍부하고 잘 큰 바깥쪽 4개의 잎만 채취한다. 알로에를 채취할 때는 밑동 부분에 흠을 약간 낸 뒤 껍질을 벗기듯 끝부분을 벗겨내는데, 이때 사용하는 칼은 자주 소독하고 교환해서 청결에 신경을 써야 한다.

알로에 베라와 알로에 아보레센스는 어떻게 다른가

둘 다 '알로에 속'에 속하지만 다른 종이다. 알로에 베라(Aloe vera)의 원산지는 북아프리카, 남아프리카 북쪽, 인도, 아라비아, 카나리아, 마달라 제도 등 그 분포 지역이 넓으며 현재는 미국 텍사스 남부와 플로리다 주, 멕시코, 우크라이나 지방에서 대규모로 재배되고 있다.

모양은 짧은 줄기를 둘러싸고 16~20개의 두터운 잎이 다발 모양으로 돋아나는데 잎의 길이는 80~100cm 정도이며 생명력이 강하며 낮은 온도와 과다한 토양 수분 외에는 거의 모든 자연조건에서 자생이 가능하다. 늦가을에서 봄 사이에 잎 상에서 긴 꽃대가 올라와 노란색 또는 주황색의 꽃이 된다.

알로에 아보레센스(Aloe Arborescens)의 원산지는 남아프리카 공화국 케이프 주의 각 지역과 트랜스발 주의 동북부 및 로디지아에 분포하고 있다. 회흑색의 잎은 가늘고 길며 줄기가 나무처럼 위로 뻗는데 노란 줄무늬를 가진 것도 있다. 오래되고 햇볕을 충분히 받은 성숙한 잎일수록 맛이 쓰고 약효가 좋다. 줄기 밑동과 줄기 마디에서 순이 자라 번식이 잘 되며 아무렇게나 뚝 꺾어 옮겨 심어도 잘 자라는 품종으로 적등색의 꽃이 늦가을에서 봄 사이에 핀다.

알로에 함유성분은 2백여 가지가 넘는데 베라 종에는 있으면서 아보레센스 종에는 없는 성분이 있고, 유효성분의 함량이 차이가 나는 경우가 있다. 따라서 '어느 종이 좋다'라고 말하기는 어렵지만 다당류를 포함한 젤 부위 성분을 활용하는 경우에는 베라가 유리하며, 황색수액층 성분을 활용하는 경우는 아보레센스가 유리하다고 할 수 있다.

이렇게 채취된 알로에는 깨끗이 씻고, 껍질을 벗겨내고, 냉각 과정을 거치게 되는데, 이 과정에 걸리는 시간이 6시간을 넘기면 안 된다. 이 시간이 지나면 성분이나 효능이 급격히 떨어져 버리기 때문이다. 최상의 알로에를 생산하기 위해서는 적정한 시간, 온도, 청결이 필수적이다.

세척 과정은 여러 단계를 거치는데 우선 물탱크 안에 5~10분 정도 담가 둔다. 이것을 '침지'라고 하는데 불순물을 쉽게 제거하기 위해서다. 그리고 스프레이 세척, 브러싱 세척, 인체에 무해한 소독제 세척을 거쳐 마지막으로 정제수 세척을 한다. 세척 단계에서 가장 중요한 것은 박테리아 감염을 막기 위한 브러싱 작업이다. 알로에의 표피는 왁스층으로 되어 있는데 이 왁스층에는 500만~1000만 마리 가량의 세균이 있다. 브러싱 작업을 마치면 세균 수가 1만 마리 이하로 줄어든다.

세척이 끝나면 소독을 하고, 알로에를 선별하여, 본격적으로 손질을 시작한다. 껍질을 벗기고 가열, 효소 처리를 하고 섬유질을 제거하는 과정을 거친다. 그 다음에는 알로에의 유효 성분을 유지하면서 세균을 완전히 없애는 멸균 과정이 진행된다. 최근에는 매우 낮은 열전달과 짧은 시간 건조로 알로에의 수분을 제거하는 순간고온살균법((High Temperature Short Time, HTST)을 적용하여, 열에 의해 알로에의 색상, 향, 외형과 조직감이 손실

집에서 알로에를 재배하려면?

알로에는 밝은 햇빛과 고온에서 잘 자라며 추위에는 약하기 때문에 재배 환경이 0℃ 이하로 내려가지 않도록 해야 한다. 또한 습기에 약하기 때문에 배수가 잘 되면서도 통기성이 좋은 흙에서 키워야 한다. 마사토와 부엽토를 7:3 정도의 비율로 배합한 흙이 배수가 잘 되어 좋다. 마사토는 모래와 진흙이 섞여있는 흙이다.

알로에에 모종을 심으면 바로 물을 흠뻑 주고 한 달간은 주지 않는다. 그 이후로 3~4일에 한 번 정도씩 물을 주면 되는데 줄 때는 충분히 주되 화분 받침에 물이 고이지 않을 정도로 준다. 겨울에는 물의 양을 조금 줄여 주도록 한다. 물을 주는 시기는 알로에 잎을 손으로 눌러보아 쑥 들어가거나 탱탱함이 느껴지지 않을 때이다.

비료는 자주 주거나 많이 줄 필요는 없다. 알로에가 잘 자라는 봄이나 여름에 엷게 타서 주면 되는데, 너무 많은 비료를 주면 오히려 성장에 방해가 된다.

3~4년이 지나 알로에의 잎이 자라면 가장 바깥쪽에 있는 잎을 잘라내 사용하며, 잎을 자를 때 생초의 겔 층이 노출되지 않도록 주의해서 밑동을 잘라준다.

되지 않게 하고 있다.

그런 다음 알로에 겔을 냉장 상태로 보관하면서 농축하는 단계로 들어간다. 유효 성분의 파괴가 적은 농축액 제조법으로 알로에 겔을 농축한 후, 큐매트릭스 건조 공법을 사용하여 건조 분말을 만든다. 이 분말을 분쇄하고 여과 과정을 거치면 모든 알로에 제품에 이용되는 알로에 원료가 완성된다.

알로에, 어떻게 먹어야 면역증강 효과를 얻을 수 있을까

그렇다면 알로에를 어떻게 섭취해야 할까? 알로에의 면역 증강 효과를 제대로 얻기 위해서는 알로에의 절대 섭취량보다는 다당체의 섭취량이 중요하다. 실험 결과 다당체 섭취량이 1일 300mg 이상일 때 백혈구 세포 생성과 분화, 체내 방어 작용 증진 등이 활발해져 면역력 증진 효과를 볼 수 있다고 밝혀졌다.

식품으로 에너지를 내는 경우 아침에 100Kcal를 섭취하고, 저녁에 1000Kcal를 섭취했다면 우리 몸은 1100Kcal를 섭취한 것으로 누적된다. 즉 하루의 총량이 얼마인가가 중요하다. 그런데 특정 물질은 총량이 아니라 유효량이 기준이다. 유효량 이하를 섭취했을 경우 섭취한 양만큼만 효과가 있는 게 아니라 아예 효과가 없다고 볼 수 있다. 식품을 섭취하듯이 생각해서는 안된다.

식약처가 인정한 건강기능식품으로서 알로에 다당체의 일일 권장 섭취량은 100~420mg이다. 현재 시판되고 있는 알로에 제품들은 다당체의 함유량이 모두 제각각이다. 제대로 효과를 얻기 위해서는 제품의 다당체 함유량을 살펴봐야 한다. 시판되고 있는 알로에 과육이 들어 있는 쥬스류는 유효량 면에서 효과가 거의 없다고 볼 수 있다.

생잎 역시 피부 미용, 보습 효과는 얻을 수 있지만, 면역 기능 강화와 같은 생리 기능 효과를 기대하기는 힘들다. 원하는 효과를 얻으려면 엄청난 양의 생잎을 섭취해야 하고, 그것은 현실적으로 불가능하기 때문이다.

결국 알로에를 생초나 일반 가공식품으로 섭취해서는 유효량의 다당체를 섭취하기가 현실적으로 어렵다. 따라서 유효한 면역력 효과를 얻으려면 다당체 함량이 충분히 높은 양질의 알로에 건강기능식품을 섭취하는 것이 필요하다.

알로에 재배에서 제품까지
사진으로 본다

알로콥 멕시코의 탐피코 농장과 공장

1. 식재

식물이 자라기에 충분한 영양분을 많이 가졌는지를 분석해야 한다. 또한 연평균 강수량이 낮거나 지대가 높아 홍수피해가 작은 지역이어야 하며 배수가 잘 되어야 하고 주변에 저수지가 있어서 관계에 유리한 곳이 좋다. 연평균 기온이 섭씨 23도 이상인 곳이 이상적인 재배지다. 알로에를 심을 때는 1m 정도 간격으로 심는다.

2. 재배

유기농법으로 재배한다. 동물의 배설물과 식물 재료를 함께 발효시켜 만든 천연유기 비료를 사용한다. 제초제를 사용하지 않고 인력을 활용하여 잡초를 제거해 청정 알로에를 재배한다.

3. 수확

심은 지 12개월이 지난 뒤부터 5~7년 생이 될 때까지 수확한다. 90일 단위로 알로에 잎 수가 18개 정도일 때 14개의 잎을 남기고 바깥쪽 잎부터 잘라 수확한다.

4. 이동

알로에는 6시간 안에 가공처리 해야 유효성분 손실이 가장 작다.

5. 세척

공장으로 옮긴 알로에는 3단계에 걸쳐 세척한다. 1단계는 물에 넣어 이물질을 털어내고 컨베이어 벨트를 타고 이동해 2, 3단계에서 고압 물분사로 나머지 이물질들을 제거한다.

6. 박피

알로에는 잎 안쪽에 있는 투명한 겔에 유효성분이 담겨 있다. 그렇기 때문에 껍질을 벗겨내는 과정이 필요하다. 껍질제거는 과거에는 수작업으로 했지만 지금은 최신기계를 이용해 처리한다. 2차적으로 겔에 붙어있는 잎은 모두 손으로 직접 확인하고 제거해 최상급의 알로에 겔을 확보한다. 박피과정을 끝낸 후 남은 알로에 껍질들은 비료로 재활용된다.

7. 효소처리

특수 효소를 첨가하여 알로에 속에 있는 거대 다당체들을 체내 흡수가 잘 되는 중간 크기의 다당체로 쪼갠다. 이 중간 크기의 다당체가 면역력을 높이는 데 도움을 주는 것으로 밝혀졌다.

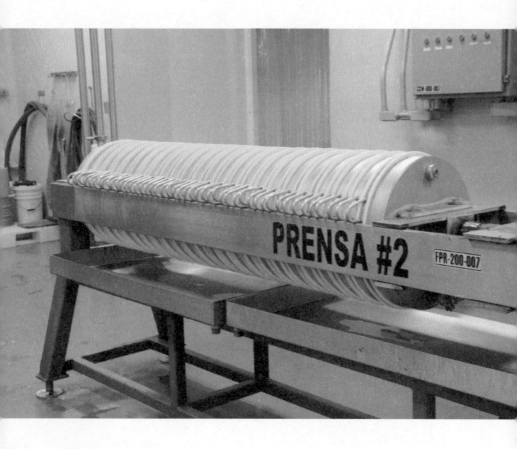

8. 섬유질 제거

특수 필터를 사용하여 알로에 원료 속에 남아 있는 섬유질을 포함한 이물질을 제거한다.

9. 살균

알로에 유효성분 손실을 최소화 할 수 있는 섭씨 87~90도에서 알로에 원료를 가열한
다. 이를 통해 알로에 속에 남아있는 균을 100% 살균 처리한다.

10. 건조(큐매트릭스 공법)

이 과정은 낮은 열과 단시간의 건조만으로 알로에 내의 수분을 제거하는 공법이다. 열에 의한 유효 성분 손실을 방지하고 제품의 질을 안전하게 보존하는 공법이다. 이 과정을 거치고 난 뒤 알로에는 파우더 형태로 바뀐다. 파우더 형태로 바꾸는 이유는 장기간 보존과 이동하는 데 편리하기 때문이다.

알로에 면역혁명
ⓒ김경화, 2015

초판 1쇄 인쇄일 2014년 12월 25일
초판 1쇄 발행일 2015년 1월 5일

지은이   김경화
펴낸이   배문성
편집   형태와내용사이

펴낸곳   나무+나무
출판등록   제2012-000158호
주소   경기도 고양시 일산서구 송포로 447번길 79-8(가좌동)
전화   031-922-5049
팩스   031-922-5047
전자우편   likeastone@hanmail.net

ISBN 978-89-98529-05-5 03690